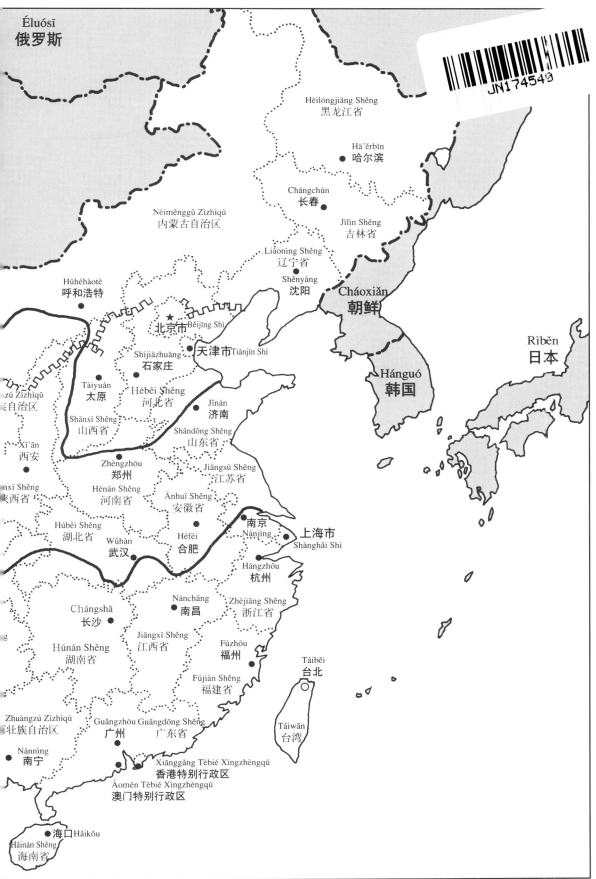

漢 語 鍛 錬

──対話できたえる中国語──

〈新訂版〉

奈良　行博
中村　俊弘
佟　　岩
橋本　昭典

同学社

〈録音について〉
▶ がついている箇所についてはネイティブスピーカーによる録音があります。同学社のホームページ（http://www.dogakusha.co.jp/onsei.html）からダウンロードできます。

[表紙デザイン]
AcidBlue

[表紙写真]
武当山（湖北省）の紫霄殿にて武術の鍛錬をする人々。
（2013年3月　奈良行博　撮影）

新訂版　まえがき

　この初級用中国語テキスト『漢語鍛練──対話できたえる中国語──〈新訂版〉』をご採用の先生、そしてこのテキストで初めて中国語を学ばれる学生の皆さん、こんにちは。

　本テキストは 2004 年 2 月に初版刊行された『漢語鍛練──対話できたえる中国語──』の新訂版です。旧版の形式を保ったまま、単語や例文の入れ替えと補充単語コーナーの創設で、より実践力が付けられるように工夫しました。執筆メンバーは旧版と同じ 4 人で、中国語でやり取りするための基礎力を養って、「読む」、「話す」、「書く」、「聞く」という 4 方面の技能が効果的に身につけられるようにと、知恵を出し合いました。

　本書の構成は発音編と本編第〇課から第 14 課、そして第 15 課に自己紹介 1 篇、補編として閲読課文 2 篇がつき、巻末には本編第 1 課から第 15 課の語彙索引を組み入れた形になっています。そして本書新訂版では対話練習の機会を増やしてもらおうと考え、3 課ごとに補充単語のコーナーを設けました。

　本編第 1 課から第 14 課の各課は次のような構成になっています。

1) 背诵例句（暗唱例文）

　暗唱するための必修基本例文。課ごとに 5 題ずつあって、以下の文法解説はこれらの文の形に沿って行われます。

2) 词汇 1（語彙）

　その課のタイトル、背诵例句（暗唱例文）、语法（文法）の例文に出てくる新出単語についての品詞別による日本語訳。それぞれ各課に登場する形に基づいていますので、使月法が異なれば、品詞や意味が変わることもあることを念頭においてください。そのうち "網掛け" を施したものは背诵例句（暗唱例文）の単語です。これは、テキストのなかで重要度が高いことを示すのと、教室で音読する時、まず単語単位で口ならしをしてもらう便を考えたためです。

3) 语法（文法）

　背诵例句（暗唱例文）であげた各例文に含まれる文法事項についての解説。解説文は自学自習にも耐え得る程度に簡潔にまとめ、教師がその解説をもとに更に詳しい解説ができる余地を残してあります。例文では、なるべく否定や疑問の形、そして応答の言葉も示すために、対話の形式を取り入れました。文法の理屈はわかりながらも、対話で用いるべき言葉が言い出せない学生を多く見てきた体験からこの形式を取り入れました。

4) 对话（対話）

　その課で学んだ文法内容を発展・応用させて構成した対話。ここで返答文が 2 つ設けてあるのは多様な反応を示すことによって、練習に臨場感がかもし出せることを狙ったからです。

5）词汇 2（語彙 2）

対話（対話）に登場する新出単語についての品詞別による日本語訳。語彙集を 1 と 2 の 2 箇所に分けたのは、到達度に応じて負担量を調節できるようにしたからです。学生に適度な到達目標を設定する目安として活用していただけることを想定しました。

6）练习题（練習問題）

一）ピンイン表記文の問いに対する応答、二）日本語文の中国語訳、三）中国語文の和訳、四）聞き取りなどで構成。分量は多めにしてありますので、必要個所のみ取捨選択していただければよいでしょう。ただし、四）聞き取りは暗唱例文に使用された語彙の範囲内で問われているので、難易度は低くなっています。とかく敬遠されがちな聞き取り練習ですが、平易さで苦手意識を取り払うのが狙いです。

7）补充词汇（補充単語）

本課 1〜14 それに自己紹介の第 15 の課を含めた 15 の課を 5 等分して、3 課ごとに設けたコーナーです。対話や発話の機会を増やし、関連語句の知識も増やしてもらおうと考え、なるべく現実に使用しそうな場面を想定して、文型や参考語句を選定しました。

以上が本編第 14 課までの内容の基本構成です。これに続く第 15 課は他の課と構成を異にし、自己紹介の文例を示しました。叙述項目ごとに番号を付し、学生がそれらのうち必要なものをピックアップして独自に組み合わせて紹介文が作れるよう工夫してあります。夏休み明けと冬休み明けとでレベルの違う紹介文が作れるようになるのが楽しみです。

更に補編の閲読課文 2 篇は中級レベルに近い文章ですが、初級で扱う短い文に物足りなさを感じる学生のためのものです。辞書を引きながら訳文を作る楽しみを味わっていただければと思います。

巻末の詞汇表（語彙索引）では本編第 1 課〜第 15 課の新出単語が拾ってあります。ただし、新版で組み入れた補充単語は、この索引に含まれておりませんのでご注意ください。

本書は奈良が中村、佟、橋本に呼びかけて始まった勉強会の成果によるものです。対話重視という基本方針のもと、各人が持ち寄ったアイデアをもとに各編各課を組み上げていきました。内容についてなどご意見がございましたなら、ご教示いただきたくお願い申しあげます。なお、不備の責任につきましては原稿内容の最終チェックを行った奈良が全て負います。

最後に、同学社編集部の林佳欣さんには、新訂版編集にあたりまして大小さまざまなご助言を頂戴しました。ここに深く感謝申し上げます。

平成 29 年 1 月 28 日（春節）

著者一同

※本テキストにおける単語の認定と発音は基本的に『現代漢語詞典』［第 7 版］（中国社会科学院語言研究所詞典編輯室編、商務印書館 2016 年 9 月刊）に沿っています。

mù　lù
目　　录　（目次）

导　入（ようこそ中国語の世界へ）……………………………………………… 5
　　《簡体字》《漢字音》《語義》《文法》　● 中国語（漢語）の七大方言

发　音 ……………………………………………………………………………… 8
　　《声調》《韻母1》単母音　《声母》《韻母2》複母音　《韻母3》鼻母音
　　◎ 補充説明　◎ 数字の読み方　付表「中国語基本音節表」

第〇課　你好 ……………………………………………………………………… 16

第一課　我是中国人 ……………………………………………………………… 17
　　①人称代名詞　②「是」を用いた文　③否定の「不」と「不」の声調変化
　　④副詞「都」と「也」　⑤所属を表す「的」　★対話　▲練习题

第二課　学习汉语 ………………………………………………………………… 22
　　①動詞述語文　②動詞の否定と疑問　③疑問詞「什么」　④「的」の省略
　　● 小知识「谈茶」　★対话　▲练习题

第三課　她真漂亮 ………………………………………………………………… 27
　　①形容詞述語文　②主述述語文　③形容詞の否定と疑問　④反復疑問文
　　⑤省略疑問の「呢」　⑥疑問代名詞「怎么样」　⑦「太～了」と「不太～」
　　◎親族呼称　◎「一」の声調変化　★対话　▲练习题
　　※补充词汇1

第四課　我没有中国朋友 ………………………………………………………… 35
　　①指示代名詞　②量詞　③「的」による名詞化（名詞句を作る「的」）
　　④所有を表す「有」　⑤数量を問う疑問代名詞　◎お金の単位　★対话
　　▲练习题

第五課　我家在北京 ……………………………………………………………… 40
　　①場所を表す指示代名詞と方位詞　②存在表現「在」　③介詞「在」
　　④「在」以外の場所・方向を表す介詞　⑤疑問代名詞「怎么①」　★対话
　　▲练习题

第六課　我们大学每天九点上课 ………………………………………………… 45
　　①年月日　②曜日　③時刻　④「有点儿」と「一点儿」
　　● 中国の祝祭日　★対话　▲练习题
　　※补充词汇2

3

第 七 課　　昨天我去神户了 ………………………………………………………… 51
　　　　　　① 「了」　◎ 年齢の尋ね方・答え方　　★ 対话　　▲ 练习题

第 八 課　　我能游五百米 …………………………………………………………… 56
　　　　　　① 助動詞「会」　② 助動詞「能」　③ 助動詞「可以」　④ その他の助動詞①
　　　　　　⑤ その他の助動詞②　　★ 対话　　▲ 练习题

第 九 課　　他画水墨画画得非常好 ………………………………………………… 61
　　　　　　① 程度補語　② 程度補語の否定形と反復疑問文　③ 比較
　　　　　　④ 呼応関係を結ぶ表現　　★ 対话　　▲ 练习题
　　　　　　※补充词汇 3

第 十 課　　我已经跟他说好了 ……………………………………………………… 68
　　　　　　① 結果補語　② 結果補語の否定形　③ 可能補語①　④ 処置式「把」
　　　　　　⑤ 動量補語　　★ 対话　　▲ 练习题

第十一課　　我去过横滨的中华街 ………………………………………………… 73
　　　　　　① 「过」　② 数量補語の位置　③ 方向補語
　　　　　　④ 単純方向補語と複合方向補語　⑤ 可能補語②　　★ 対话　　▲ 练习题

第十二課　　我想送你一朵玫瑰花 ………………………………………………… 78
　　　　　　① 進行の表現　② 持続の表現　③ 方法・手段を表す表現
　　　　　　④ 「要～了」　⑤ 二重目的語　　★ 対话　　▲ 练习题
　　　　　　※补充词汇 4

第十三課　　我妈妈让我给你打电话 ……………………………………………… 84
　　　　　　① 使役表現　② 「(是) ～的」　③ 介詞「给」
　　　　　　④ 「又～又～」の使い方　◎ 常用の文章記号　　★ 対话　　▲ 练习题

第十四課　　我昨天被车撞了 ………………………………………………………… 89
　　　　　　① 受身表現　② 自然現象の表現　③ 事物の存在・出現・消失を表す文
　　　　　　④ 疑問代名詞「怎么②」　⑤ 疑問代名詞の特別な用法　　★ 対话　　▲ 练习题

第十五課　　自我介绍 ………………………………………………………………… 94
　　　　　　※补充词汇 5

阅读课文　寓言两则 …………………………………………………………………… 97
词汇表 …………………………………………………………………………………… 100
日本語の漢字と異なる筆画の“简体字” …………………………………………… 110

4

导入 (ようこそ中国語の世界へ)

^{dǎorù}

▶ 次の漢詩は唐代の著名な詩人・孟浩然（689年～740年）の作品「春暁」です。まず、現代中国語の標準音での朗唱をお聴きください。

Chūn　　xiǎo　　　　Mèng　Hàorán
春　　暁　　　　　孟　　浩然

Chūn mián　bù　jué　xiǎo,
春　眠　不　覚　暁,　　　春眠暁を覚えず

chù　chù　wén　tí　niǎo.
処　処　聞　啼　鸟。　　　処々に啼鳥を聞く

Yè　lái　fēng　yǔ　shēng,
夜　来　风　雨　声,　　　夜来風雨の声

huā　luò　zhī　duō　shǎo?
花　落　知　多　少?　　　花落つること知りぬ多少ぞ

口語訳：春の眠りは深くて夜明けが気づかないほどだ

あちらこちらで小鳥が鳴いているのが聞こえる

昨夜以来、雨や風の音が激しかったが

花はどれほど落ちたことだろうか

《簡体字》

詩の本文に使用されている漢字を見てみると、見慣れない漢字がいくつかあります。例えば、覚、暁、処、聞、鸟、风などがそれです。これらは中華人民共和国（1949年～）になってから定められた簡略式の漢字で、"簡体字（简体字 jiǎntǐzì）"と呼んでいます。もともと旧字体（繁体字 fántǐzì）では覺、曉、處、聞、鳥、風と表記していたのですが、それぞれ画数を省略してこのような表記にしたのです。声（聲）のように日本の漢字と省略の仕方が同じものもありますが、細部で微妙に異なるものもあります。現代中国で使われている独自な漢字に注意を払いましょう。

《漢字音》

中国では自国の漢字音を表記するのにアルファベットを用い、そのアルファベットをピンイン（拼音 pīnyīn）と呼び、孟 mèng、眠 mián、风 fēng、雨 yǔ、声 shēng などのように、

独自な読み方をするものがあります。また、その発音は日本語と比べると音の種類が多くて複雑です。そのため中国語学習にあたっては、まずその固有の音表記システムを覚えなくてはなりません。

では、中国語の"花"（よく見ると日本語の「花」の字形とは微妙に異なります）を例にとってピンイン表記法を見てみましょう。

花　（中国語）huā　（声母"h"＋韻母"ua"＋声調"－"）

花　（日本語）ka　（子音"k"＋母音"a"）

日本語のローマ字表記と比べてみれば分かるように、日本語の子音、母音にあたる声母、韻母のほかに、中国語には**声調**というものがあります。つまり、中国語の漢字音は発声時の口の構えを表す**声母**、響きを表す**韻母**、音の高低を表す**声調**という三つの構成要素によって成り立っているのです。なお中国語の音節の中には、この"声母＋韻母＋声調"以外に、"韻母＋声調"という声母を持たないものもあります。ちなみに、声母の数は21、韻母は36、声調は4＋1となっています（声母と韻母の組み合わせについては付表「中国語基本音節表」を参照）。

《語義》

漢字は中国で生まれたものですが、「榊」「畠」「畑」「辻」「峠」などのように日本で作られたものもあります。また、その意味についても輸入された当時のまま使用しているものもありますが、同じ漢字でも意味が異なる場合も多いので、注意が必要です。

《漢字音》のところにあげた「花」"花"を見てみると、以下の違いがあります。

花　　　　　（中国語）　　　花（＝ flower）、目がかすむ、金銭などを使う

花　　　　　（日本語）　　　花（＝ flower）

こういった違いを理解していなければ笑い話になります。共通する語義ももちろんありますが、異なるものも多いのです。同じく漢字を使用する日本人は中国語を学ぶのに便利な一方、「落とし穴」もありますので、安易に日本と中国の漢字を共通視することはできません。

以下に日本語と中国語で意味の異なる語をいくつか列挙しておきます。

	日本語	中国語
怪我（怪我）	ケガ	自分をとがめる
短気（短气）	気が短い	弱気
手紙（手纸）	てがみ	トイレットペーパー
汽車（汽车）	蒸気機関車	自動車、バス

《文法》

　さきほどの「暁を覚えず」は「不覚暁」と表記されていて、日本語で意味を解釈するときには末尾から読んでいかなくてはなりません。動詞の"覚"が先に来て、その後に目的語の"暁"がやってきます。この動詞と目的語の関係だけを見ていると、英語に似ていますが、英語と全く同じ文法構造を持つわけではありませんので、英語の知識に振り回されることのないように、新たな気持ちで構造を把握するようにしてください。

　以上、"漢詩"を手掛かりに現代中国語を学ぶにあたっての基礎知識について述べました。細部については順次授業の中で解説していくとして、とりあえずさきほどの漢詩をもう一度聴いて口まねをしてみてください。

中国語（漢語）の七大方言

　中国には56の民族があって、それぞれに独自な言語と文化を持っている。その中で最大の人口を持つ民族が漢族で、中国の総人口の90％以上を占めている。彼らの話す言葉を漢語と言い、これが一般に言われる「中国語」である。しかし、中国は国土が広大で、同じ漢語であっても地域によってかなり大きな差がある。これらは、その特質によって大きく7つの系統に分類することができる。これを七大方言と称し、その内訳は以下のようになっている。

　　　　Běifāng fāngyán
①北方　方言　　（北京語など。最大地域に分布する。私たちが習うのは、この北方方言をもととする共通語"普通话 pǔtōnghuà"である）

　　　Wú fāngyán　　　　　　　　　　　Xiāng fāngyán
②吴　方言　（上海語、蘇州語など）　⑤湘　方言　　（長沙語など）

　　　Mǐn fāngyán　　　　　　　　　　　Kèjiā fāngyán
③闽　方言　（福建語、台湾語など）　⑥客家　方言　（客家語）

　　　Gàn fāngyán　　　　　　　　　　　Yuè fāngyán
④赣　方言　（南昌語など）　　　　　⑦粤　方言　　（広東語など）

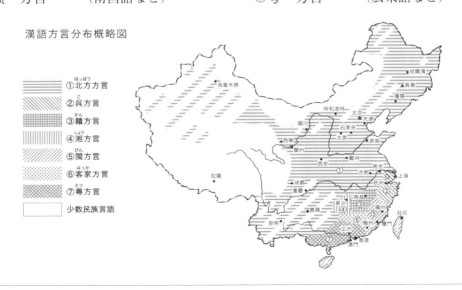

漢語方言分布概略図

发音（発音）

（fāyīn）

《声調》

すでに述べたように、中国語の漢字音は声母、韻母、声調で表記する。では最初に、音の高低を表す声調について練習しよう。基本音は4種類だけであるが、組み合わせによって変化するものもある。

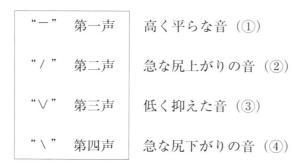

発声した時の音のラインを図式化すると次のようになり、単純に言うと上下横一とたすきの形になる。

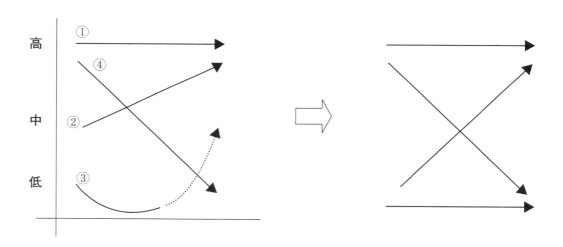

これらは通常、一拍の長さで発声されるが、第三声だけは後接する語が一、二、四声（＋軽声）の場合、低く平たい半拍の音となり、三声が続く場合は尻上がりの半拍の音となる。まずは、組み合わせのない単独の声調だけで練習してみよう。なぜこの練習が大切なのかと言うと、同じアルファベット表記であっても声調が異なると、全く別の意味になってしまうからである。正確にそして確実に記号通りに発音できるよう練習しよう。

▶2 ～練習～

ā　　　á　　　ǎ　　　à

mā　　má　　mǎ　　mà

mā　　má　　mǎ　　mà
妈　　麻　　马　　骂

yī　　yí　　yǐ　　yì
一　　移　　椅　　意

▶3 《韻母1》
単母音

　韻母は合計すると36個あって、それらは一般に①単母音、②複母音、③鼻母音の三つの
グループに分けられる。まずここでは単母音7個を練習しよう。
　（　　）内は声母と結合せずに単独で音を形成したときの表記

a	口を大きく開けて「ア」と発声する。
o	唇を丸くして軽く突き出すように「オ」を発声する。 前に声母が付いたときは uo という感じで発音する。
e	あごと唇の構えは「エ」で、舌を引いて「ウ」と発声する。
i(yi)	唇をやや横に引いて「イ」を発声する。
u(wu)	唇を丸くして強く突き出すように「ウ」を発声する。
ü(yu)	「イ」のような口の形で、「ユ」のように発声する。
er	「ア」の発声の後、舌の先端を後部へもち上げる。

▶4 ～練習～

āyí　　　yìwù　　　èyú　　　wǔyì　　　yǔyì
阿姨　　义务　　鳄鱼　　武艺　　羽翼

▶5 《声母》

　声母は合計21種類あって、日本語にない音も多い。中でも発声時の空気が出る有気音、
出ない無気音の区別は習得しにくいので、特に注意して練習しよう。（　　）内の韻母は声
母だけでは発声できないために便宜的につけたものである。

9

	無気音	有気音		
① 唇音	**b**(o)	**p**(o)	**m**(o)	**f**(o)
② 舌尖音	**d**(e)	**t**(e)	**n**(e)	**l**(e)
③ 舌根音	**g**(e)	**k**(e)	**h**(e)	
④ 舌面音	**j**(i)	**q**(i)	**x**(i)	
⑤ 反り舌音	**zh**(i)	**ch**(i)	**sh**(i)	**r**(i) ←舌を持ち上げたまま
⑥ 舌歯音	**z**(i)	**c**(i)	**s**(i) ←いずれも i は口を横に引いて「ウ」	

　　有気音と無気音の区別は空気の"溜め"を造って噴出させるかどうかで区別する。**有気音**は空気の出口となる場所、つまり **p** では唇、**t** では舌の先、**k** では舌の奥、**q** では舌面、**ch** では反り上げた舌の先、**c** では舌の先と上前歯との接点などで、空気の送出をややこらえ、発声とともにこの"溜め"を軽く噴出させる。分かりやすく言うと、日常会話の中で「ったく、とんでもない奴だ」と、力のこもった「った」を発声する時の送気が有気音を出す際の目安になる。一方、**無気音**にはこの空気の噴出がなく，声母と母音を同時に発音する意識で発声する。

① 唇音　　　上下の唇を用いて発音するが、**f** は上歯を下唇に乗せるようにして発声する。
② 舌尖音　　舌の先を用いて発音するが、**l** は他の舌尖音よりもさらに先端部分を用いる。
③ 舌根音　　舌の根元部分と上あごの最奥面をこすり合わせるようにして発音。**h** は息が唇にかからないよう喉で発音するのがポイント。(**f** との区別)
④ 舌面音　　舌の面を使って発音。**j** と **q** は日本語の「チ」をイメージし、**x** は「シ」で発声する。
⑤ 反り舌音　舌の中央をくぼませて、反り上がった外縁部分をそのまま上あごに触れさせて発音する。発音時には舌の先端部分を用いる。このとき、舌と歯とは触れさせず、舌先は上あご天井前部の突出部分に当てる。**r** は他の反り舌音より舌先がやや内部に移る。舌を持ち上げたまま発音する。
⑥ 舌歯音　　上下の歯を軽く噛み合わせ、舌先を上の歯に押し当てるようにして発音する。**z** と **c** は日本語の「ツ」をイメージする。それぞれ「ザ」行、「カ」行の音にはならないことに注意。また韻母 i と結合した場合、口を横に引いて「ウ」で発音する。

〜練習〜

pùbù	zhīchí	dútè	rúhé
瀑布	支持	独特	如何

xīshì	qìtǐ	kèfú	zīgé
西式	気体	克服	资格

《韻母2》

複母音

韻母は36個のうち、既に単母音7個を習った。残りは29個。ここでは複数の母音から成る複母音13個を練習しよう。

複母音を発音する時に気をつけなければならないのは、母音の数に関係なく、一拍で途切れることなく読むということである。◎印の部分を強調すると、バランスよく発声できる。

ai	**ei**	**ao**	**ou**		頭部強調型（◎○）
ia (ya)	**ie** (ye)	**ua** (wa)	**uo** (wo)	**üe** (yue)	末尾強調型（○◎）
iao (yao)	**iou** (you)	**uai** (wai)	**uei** (wei)		腹部強調型（○◎○）

（　）内は声母と結合せずに単独で音を形成したときの表記。**iou** と **uei** は声母と結合すると中央の韻母が表記されず、**iou** は **-iu**、**uei** は **-ui** となる。また、複母音の中の **e** は単独のときとは違って「エ」に近い音で発声する。

～練習～

shuǐjiǎo	lǎojiā	yāoqiú	wòshì
水饺	老家	要求	卧室

wàimào	yōuxiù	wèilái	yuēhuì
外貌	优秀	未来	约会

第三声の声調変化

すでに述べたように第三声は後に第三声以外が続き、連続して一息に読み上げると低い半拍音になり、第三声の後に第三声が続くと、前の第三声が第二声に変わる。ここでその練習をしてみよう。

	nǐ chī	nǐ xué	nǐ qù	nǐmen		nǐ mǎi
①半三声化	你吃	你学	你去	你们	②二声化	你买

《韻母3》

鼻母音

語尾が日本語の表記で言えば「ン」で終わるのが鼻母音である。日本語では「ン」に相当する音にさまざまな形態がありながら、意味上の違いがないために表記はすべて「ン」が用いられているが、中国語の場合、"**n**" と "**ng**" の区別があって、意味も当然異なる。混同して発声すると、誤解を引き起こすので注意が必要である。

an	en	ang	eng	ong

ian	in	iang	ing	iong
(yan)	(yin)	(yang)	(ying)	(yong)

uan	uen	uang	ueng
(wan)	(wen)	(wang)	(weng)

üan	ün
(yuan)	(yun)

（　　）内は声母と結合せずに単独で音を形成したときの表記。**uen** は声母と結合すると **e** が表記されず **-un** となる。

　　鼻音の **n** は日本語の「案内」と言う時の「ン」のように舌の先を上あご面に密着させて発声し、**ng** は「案外」と言う時の「ン」のように舌の奥を上あご奥部に押し上げるようにして発音する。母音の発声の仕方では以下のことに注意しよう。**eng**、**ueng** の **e** は単独で発音する時に近い音。**ong** の **o** は「ウ」に近い音。**ian** の **a** は「エ」と発音し「イエン」となる。**iang** の **a** は「ア」と読んで「イアン」となる。**üan** の **a** は「エ」とも「ア」とも発音し、「ユエン」「ユアン」のどちらでもよい。**iong** の **io** は **ü** で発音する。

▶ 11　〜練習〜

	①	②	③	④		①	②	③	④
A	wǒ 我	tā 他	nín 您	nǐ 你	F	dōng 东	nán 南	xī 西	běi 北
B	suān 酸	tián 甜	kǔ 苦	là 辣	G	hēi 黑	bái 白	lán 蓝	hóng 红
C	lái 来	huí 回	zǒu 走	dào 到	H	tiān 天	dì 地	cǎo 草	mù 木
D	xiōng 兄	dì 弟	jiě 姐	mèi 妹	I	zhū 猪	gǒu 狗	niú 牛	mǎ 马
E	qián 前	hòu 后	zuǒ 左	yòu 右	J	kǒu 口	tóu 头	yǎn 眼	bí 鼻

各グループの読みに習熟できたら、グループ内で配列を変えて読んでみよう。例えば、(①、②、③、④)、(④、③、②、①)、(③、④、①、②)(②、①、④、③) などといった具合に、どのような配列でも固有の音が正確に出せるように練習しよう。

◎ 補充説明

１．軽声
　声調には第一声〜第四声の他に軽声がある。軽声は前の音に続けて、軽く短く発音する。ただし前の音節の声調によって音の高さが変わる。軽声には声調符号が付かない。

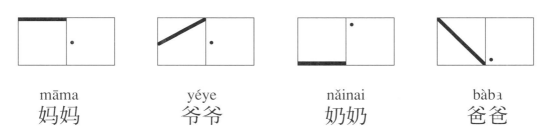

māma　　　yéye　　　nǎinai　　　bàba
妈妈　　　爷爷　　　奶奶　　　爸爸

２．声調符号の付け方
　① 単母音だけの場合、迷わずその上に付ける。
　② 複母音の場合、まず「a」をさがす。
　③ 「a」がなければ「o」か「e」をさがす。
　④ 「iu」と「ui」は後の「u」、「i」の上に付ける。
　⑤ 「i」に声調記号をつける時は点を取って「ī、í、ǐ、ì」とする。

３．ピンインつづりの規則
① j, q, x に ü, üe, üan, ün が続く時は、以下のように u と書く。

jú　　　juàn　　　xué　　　qún
菊　　　绢　　　学　　　群

② iou, uei, uen に声母が付く時は、以下のように iu, ui, un と書く。

qiú　　　shuǐ　　　kùn
球　　　水　　　困

ピンイン表記の学習は以上です。ここでまとめとして、再び冒頭（5頁）の漢詩「春暁」にもどり、漢字音のピンイン表記について、それぞれ下の例にならって声母と韻母の組み合わせを分解して書き出してみよう。中には韻母だけで声母の無い音もあるし、声母と結合したために表記が変わっている韻母もあるので、音節表で確認して本来の表記を用いて書いてみよう。

（例）春　chun＝ch ＋ un(uen)

　　　暁　xiao＝x ＋ iao

　　　夜　ye＝ □ ＋ ie

　　　雨　yu＝ □ ＋ ü

▶13 ◎**数字の読み方**

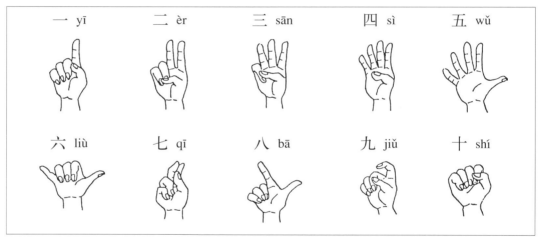

十一 shíyī　　十二 shí'èr　　十三 shísān　　十四 shísì　　十五 shíwǔ
十六 shíliù　　十七 shíqī　　十八 shíbā　　十九 shíjiǔ　　二十 èrshí
二十一 èrshiyī　　（「十」は前後ともに数字が置かれると軽声で読まれる）
二十二 èrshi'èr　　二十三 èrshisān　　二十四 èrshisì　　二十五 èrshiwǔ
九十九 jiǔshijiǔ　　一百 yìbǎi（100）（以下、「一」の声調に注意）
一百零一 yìbǎi líng yī（101）　　一百零二 yìbǎi líng èr（102）
一百一（十）yìbǎi yī(shí)（110）　　一百一十一 yìbǎi yīshiyī（111）
二(両)百 èr(liǎng)bǎi　　一千 yìqiān　　両千 liǎngqiān　　一万 yíwàn　　両万 liǎngwàn
一万零五 yíwàn líng wǔ（10,005）　　一万零五十 yíwàn líng wǔshí（10,050）
一万零五百 yíwàn líng wǔbǎi（10,500）　　一万五（千）yíwàn wǔ(qiān)（15,000）
一亿 yíyì（一万万 yíwànwàn）（100,000,000＝1億）　　零 líng（0）

本　編

Dì líng kè　　Nǐ　　hǎo
第 〇 课　你　好

▶ 背诵例句 bèisòng lìjù ◀

Nǐ　　hǎo!
1．你　好!
（こんにちは）

Nín　　hǎo!
您　好!
（〈目上に〉こんにちは）

Nǐmen　　hǎo!
2．你们　好!
（皆さん、こんにちは）

Lǎoshī　　hǎo!
老师　好!
（先生、こんにちは）

Qǐngwèn.
3．请问。
（おたずねします）

Yǒu　shénme　shì?
有　什么　事?
（何でしょうか）

Máfan　　nín.
4．麻烦　您。
（ご面倒をおかけします）

Bié　　kèqi.
别　客气。
（ご遠慮なく）

Nín　guìxìng?
5．您　贵姓?
（お名前は?〈姓〉）

Wǒ　xìng　Mùcūn.
我　姓　木村。
（木村と申します）

Nǐ　jiào　shénme　míngzi?
6．你　叫　什么　名字?
（お名前は?〈フルネーム〉）

Wǒ　jiào　Mùcūn　Péngzǐ.
我　叫　木村　朋子。
（木村朋子と申します）

Duìbuqǐ.
7．对不起。
（ごめんなさい）

Méi　guānxi.
没　关系。
（かまいません）

Xīnkǔ　　le.
8．辛苦　了。
（ご苦労さまです）

Méi　shénme.
没　什么。
（何でもありません）

Xièxie.
9．谢谢。
（ありがとう）

Búyòng　xiè.
不用　谢。
（どういたしまして）

Zàijiàn!
10．再见!
（さようなら）

Míngtiān　jiàn!
明天　见!
（また明日）

第一课 我 是 中国人
Dì yī kè　Wǒ　shì　Zhōngguórén

▶背诵例句 bèisòng lìjù ◀

1 我 是 大学生。
Wǒ shì dàxuéshēng.

2 你 是 日本人 吗?
Nǐ shì Rìběnrén ma?

3 我 不 是 中国 留学生。
Wǒ bú shì Zhōngguó liúxuéshēng.

4 他们 都 是 汉语 老师。
Tāmen dōu shì Hànyǔ lǎoshī.

5 她 也 是 我 的 朋友。
Tā yě shì wǒ de péngyou.

词汇 1 cíhuì

[名 詞]
课 kè　　レッスン
中国(人) Zhōngguó(rén)
　　　　　中国(人)
日本(人) Rìběn(rén)
　　　　　日本(人)
大学生 dàxuéshēng 大学生
留学生 liúxuéshēng 留学生
汉语 Hànyǔ　中国語
老师 lǎoshī　先生
朋友 péngyou　友達
例句 lìjù　　例文
词汇 cíhuì　語彙
语法 yǔfǎ　　文法
学生 xuésheng　学生

马 Mǎ　　　馬 (中国人の姓)
服务员 fúwùyuán
　　　　(ホテルなどの)従業員
北海 Běihǎi　北海(固有名詞)
大学 dàxué　大学
[動 詞]
是 shì　　～である
背诵 bèisòng　暗唱する
[副 詞]
不 bù　　　～ない
都 dōu　　みな、全て
也 yě　　　～も
[代名詞]
我 wǒ　　　わたし
你 nǐ　　　あなた

他们 tāmen　彼ら
她 tā　　　彼女
他 tā　　　彼
谁 shéi　　誰、どなた
我们 wǒmen　わたしたち
咱们 zánmen
　(聞き手を除外しない)わたしたち
她们 tāmen　彼女ら
你们 nǐmen　あなたたち
[助 詞]
吗 ma　　　(～です)か?
的 de　　　～の
[形容詞]
对 duì 正しい、その通りである

语法 yǔfǎ

1 人称代名詞

	第一人称	第二人称	第三人称	人称疑問詞
単　数	我 wǒ	你 nǐ・您 nín	他 tā・她 tā	谁 shéi / shuí
複　数	我们 wǒmen 咱们 zánmen	你们 nǐmen	他们 tāmen 她们 tāmen	谁

2 「是」を用いた文

　"是" は「〜は〜です」という表現に用いられ、主語がどういったものであるかを説明する。"是" が単独で用いられると、"はい" あるいは "そうです" の意味になる。疑問文は文末に "吗？" を用い、疑問詞を用いる場合は文中に疑問詞を組み入れ、文末に "吗？" をつけてはいけない。

　　　　Nǐ　shì　xuésheng ma?
イ）你　是　学生　吗？

　　　　Shì,　wǒ　shì　xuésheng.
　　—是，　我　是　学生。

　　　　Tā　shì　shéi?
ロ）他　是　谁？

　　　　Tā　shì　Mǎ　lǎoshī.
　　—他　是　马　老师。

3 否定の「不」と「不」の声調変化

　動詞 "是" を打ち消す時には "不" を用いて、"不是…" とする。"不" は通常第四声だが、後接の語が第四声であった場合は第二声になる。また、"不" は単独で用いられると、否定の "いいえ" の意味になる。

　　　　Nǐ　shì　Zhōngguórén　ma?
イ）你　是　中国人　吗？

　　　　Bù,　wǒ　shì　Rìběnrén.
　　—不，　我　是　日本人。

　　Qǐngwèn,　nǐ　shì　fúwùyuán　ma?
ロ）请问，　你　是　服务员　吗？

　　　　Bú　shì,　wǒ　bú　shì　fúwùyuán.
　　—不　是，　我　不　是　服务员。

4　副詞「都」と「也」

"都（いずれも）"と"也（～もまた）"は述語の前に置く。両者を同時に用いる場合は"也都"となる。

　　　　　Wǒ　shì　xuésheng,　nǐ　yě　shì　xuésheng ma?
イ）我　是　学生，　你　也　是　学生　吗?

　　　　　Bú　shì,　wǒ　bú　shì　xuésheng,　shì　lǎoshī.
　　—不　是，　我　不　是　学生，　是　老师。

　　　　　Tāmen　yě　dōu　shì　lǎoshī　ma?
ロ）她们　也　都　是　老师　吗?

　　　　　Bú　shì,　tāmen　dōu　bú　shì　lǎoshī.
　　—不　是，　她们　都　不　是　老师。

　　　　　Tāmen　dōu　shì　Zhōngguórén　ma?
ハ）他们　都　是　中国人　吗?

　　　　　Bù,　tāmen　bù　dōu　shì　Zhōngguórén.
　　—不，　他们　不　都　是　中国人。

※　┌ "都是"は全部肯定で「すべて～である」
　　│ "都不是"は全部否定で「すべて～ではない」
　　└ "不都是"は部分否定で「すべて～だというわけではない」

5　所属を表す「的」

所有・所属を表す"的"は日本語の「の」に相当する。また、"～的"は「～の（もの）」となる。

　　　　　Nǐmen　de　Hànyǔ　lǎoshī　shì　shéi?
イ）你们　的　汉语　老师　是　谁?

　　　　　Mǎ　lǎoshī.
　　—马　老师。

　　　　　Nǐ　shì　Běihǎi　Dàxué　de xuésheng ma?
ロ）你　是　北海　大学　的　学生　吗?

　　　　　Duì,　wǒ　shì　Běihǎi　Dàxué　de.
　　—对，　我　是　北海　大学　的。

对话 duìhuà

I
Qǐngwèn, nǐ shì Nánhǎi Dàxué de xuésheng ma?
请问，你 是 南海 大学 的 学生 吗?

① Duì, wǒ shì Nánhǎi Dàxué de.
对，我 是 南海 大学 的。

② Bú shì, wǒ shì Běiyáng Dàxué de.
不 是，我 是 北洋 大学 的。

II
Wǒ hé tā dōu shì Rìběnrén, nǐ yě shì ma?
我 和 她 都 是 日本人，你 也 是 吗?

① Duì a, wǒ yě shì.
对 啊，我 也 是。

② Wǒ bú shì, wǒ shì Hánguórén.
我 不 是，我 是 韩国人。

III
Tā shì shéi?
他 是 谁?

① Tā shì wǒmen de Hànyǔ lǎoshī.
他 是 我们 的 汉语 老师。

② Tā shì wǒ de dàxué tóngxué.
他 是 我 的 大学 同学。

// 词汇 2 cíhuì //

[名 詞]			韩国（人） Hánguó(rén)		[接続詞]		
对话	duìhuà	会話		韩国(人)	和	hé	～と～
南海	Nánhǎi	南海(固有名詞)	同学 tóngxué	同級生	[助詞]		
北洋	Běiyáng	北洋(固有名詞)	练习题 liànxítí	練習問題	啊	a	(～だ)よ

练习题 liànxítí

一　用汉语回答下列问题（下の質問に中国語で答えなさい）

1．Nǐ shì Zhōngguó liúxuéshēng ma?

2．Nǐmen de Hànyǔ lǎoshī shì shéi?

3．Wǒ shì Zhōngguórén, nǐ yě shì ma?

二　把下面的日语翻译成汉语（下の日本語を中国語に訳しなさい）

1．私は学生です。あなたも学生ですか？

2．彼らもみな中国語の先生ですか？

3．彼女は韓国人ではなく、中国人です。

三　把下面的汉语翻译成日语（下の中国語を日本語に訳しなさい）

1．我们都不是南洋大学的学生。

2．他不是服务员，是我的同学。

3．我们的汉语老师不是中国人，是日本人。

四　听写（聞き取り）

1．我不是汉语（　　　　　）。

2．他们都是我的（　　　　　）。

3．她（　　　　　）是中国人。

4．你是（　　　　　）吗?

5．我们都是（　　　　　）人。

Dì èr kè　Xuéxí　Hànyǔ
第二课　学习　汉语

▶背诵例句 bèisòng lìjù ◀

Wǒ　bàba　kàn　diànshì.
1 我　爸爸　看　电视。

Tā　bù　tīngkè.
2 她　不　听课。

Nǐ　chī　hànbǎobāo　ma?
3 你　吃　汉堡包　吗？

Nǐ　hē　shénme?
4 你　喝　什么？

Wǒmen　xuéxí Zhōngguó　wénxué.
5 我们　学习　中国　文学。

// 词汇 1 cíhuì //

[名詞]

爸爸 bàba	父、お父さん	
电视 diànshì	テレビ	
汉堡包 hànbǎobāo		
	ハンバーガー	
文学 wénxué	文学	
电影 diànyǐng	映画	
杂志 zázhì	雑誌	
动画片 dònghuàpiàn		
	アニメーション	
报 bào	新聞	
音乐 yīnyuè	音楽	
话 huà	話、言葉	
故事 gùshi	物語、お話	
广播 guǎngbō	放送	

饭 fàn	ご飯、食事	
面条 miàntiáo	麺類、うどん	
饺子 jiǎozi	ギョーザ	
药 yào	薬	
茶 chá	お茶	
牛奶 niúnǎi	牛乳	
可乐 kělè	コーラ	
粥 zhōu	お粥	
酒 jiǔ	お酒	
咖啡 kāfēi	コーヒー	
中文 Zhōngwén	中国語	
啤酒 píjiǔ	ビール	
弟弟 dìdi	弟	
妹妹 mèimei	妹	
妻子 qīzi	つま	

丈夫 zhàngfu	おっと	
爱人 àiren	配偶者	
公司 gōngsī	会社	
历史 lìshǐ	歴史	

[代名詞]

什么 shénme	何、何の、どんな	

[動詞]

看 kàn	見る、読む	
听课 tīngkè	授業を聴く	
吃 chī	食べる	
喝 hē	飲む	
学习 xuéxí	学ぶ、勉強する	

语法 yǔfǎ

① 動詞述語文

中国語の語順は"主語（…）＋述語（動詞）（〜）＋目的語（＝）"で、「…は＝を〜する」という意味になる。日本語の「は」や「を」に相当する助詞がないので、語順配列が文構成の要（かなめ）となる。

イ）看（电影・杂志・动画片・报）
kàn diànyǐng zázhì dònghuàpiàn bào

ロ）听（音乐・话・故事・广播）
tīng yīnyuè huà gùshi guǎngbō

ハ）吃（饭・面条・饺子・药）
chī fàn miàntiáo jiǎozi yào

二）喝（茶・牛奶・可乐・粥）
hē chá niúnǎi kělè zhōu

② 動詞の否定と疑問

動詞を打ち消すときには動詞の前に"不"を置く。文末に"吗？"を付けると疑問文になる。

イ）你 看 电视 吗？
Nǐ kàn diànshì ma?

　—我 不 看 电视。
Wǒ bú kàn diànshì.

ロ）你 喝 酒 吗？
Nǐ hē jiǔ ma?

　—我 不 喝 酒，喝 咖啡。
Wǒ bù hē jiǔ, hē kāfēi.

③ 疑問代名詞「什么」

疑問代名詞"什么"は単独で用いると「なに？」という意味で、名詞の前に置くと「どんな」という意味になる。

イ）你 看 什么？
Nǐ kàn shénme?

　—我 看 报。
Wǒ kàn bào.

23

Ní　kàn shénme bào?
ロ）你　看　什么　报?

　　　　　Wǒ　kàn Zhōngwénbào.
　— 我　看　中文报。

④ 「的」の省略
　　人称代名詞と名詞の間に置かれる "的" は、それが親族・所属の関係を表す場合、省略されることがある。

　　　　　　wǒ dìdi　nǐ mèimei　tā qīzi　tā zhàngfu
（親族関係）我　弟弟／你　妹妹／他　妻子／她　丈夫

　　　　Tā　hé　tā　àiren　shì　dàxué tóngxué.
イ）他　和　他　爱人　是　大学　同学。

　　　　　　wǒmen gōngsī nǐmen dàxué
（所属関係）我们　公司／你们　大学

　　　　Wǒ　dìdi　yě　shì　nǐmen dàxué　de xuésheng.
ロ）我　弟弟　也　是　你们　大学　的　学生。

　　※国名と名詞の間の "的" は通常、省略され、「中国 Zhōngguó wénxué 文学」、「中国 Zhōngguó lìshǐ 历史」、「中国 Zhōngguó dìtú 地图」などとなる。

---

　xiǎo zhīshi　tán chá
［小 知识（谈 茶）］
　　お茶を楽しみながら、体の健康作りをしましょう。
1. 黄山毛峰茶 huángshānmáofēngchá（黄山毛峰茶）：朝起きて頭がぼんやりしている時、飲むとすっきりさせてくれる。緑茶の1種。
2. 茉莉花茶 mòlìhuāchá（ジャスミン茶）：授業に出て、ドキドキする時、飲めばやさしく緊張をほぐしてくれる。
3. 乌龙茶 wūlóngchá（烏龍茶）：午後の授業は、なんとなく眠たくなる。そこで、ランチの後には、入れたてのこのお茶を。頭の中がすっきりし、体を活性化させるお茶。青茶の1種。
4. 玫瑰花茶 méiguihuāchá（ばらの花茶）：気分の沈んだ時に、飲むと気分転換になるし、血行をよくしてくれる。
5. 普洱茶 pǔ'ěrchá（プーアル茶）：授業が終わって、仲のいい友達と食事に行くと、ついつい食べ過ぎてしまう。そんな時、このお茶は最適。このお茶は腸を活性化し、消化を助けてくれる。胃腸薬よりこのお茶を。
6. 菊花茶 júhuāchá（菊花茶）：パソコンで課題を作成し、目が疲れた時など、香り高いこの1杯を飲むと、熱がスーッと引いていく感じがする。
7. 白牡丹茶 báimǔdānchá（白牡丹茶）：このお茶はリラックスさせてくれる。ストレスが多い時、寝付きが悪い時、このお茶を。

▶22 对话 duìhuà

Ⅰ
Nǐ hē jiǔ ma?
你 喝 酒 吗?

① Wǒ bù hē, wǒ yào kělè.
我 不 喝, 我 要 可乐。

② Hē, zánmen lái xiānpí ba.
喝, 咱们 来 鲜啤 吧。

Ⅱ
Nǐ chī shénme?
你 吃 什么?

① Wǒ chī jiǎozi, nǐ yě chī jiǎozi ba.
我 吃 饺子, 你 也 吃 饺子 吧。

② Wǒ bù chī, wǒ xiān hē píjiǔ.
我 不 吃, 我 先 喝 啤酒。

Ⅲ
Nǐ mǎi shénme shū?
你 买 什么 书?

① Wǒ mǎi Zhōngwénshū.
我 买 中文书。

② Wǒ bù mǎi shū, mǎi zázhì.
我 不 买 书, 买 杂志。

▶23 ∥词汇2 cíhuì∥

[名　詞]
鲜啤　xiānpí　生ビール
书　shū　本、書物

[動　詞]
要　yào　いる、ほしい

来　lái　よこす、～をもらう
买　mǎi　買う

[副　詞]
先　xiān　先に、まず

[助　詞]
吧　ba　～でしょう、～しましょう、～してください

25

练习题 liànxítí

一 用汉语回答下列问题

1．Nǐmen xuéxí Zhōngguó wénxué ma?

2．Wǒ kàn bào, nǐ kàn shénme?

3．Wǒ hē zhōu, nǐ yě hē ma?

二 把下面的日语翻译成汉语

1．私は中国語の新聞を買います。あなたは何を買いますか？

2．私はアニメを見ますが、あなたも見ますか？

3．君たちはどんなお茶を飲みますか？

三 把下面的汉语翻译成日语

1．她先吃药。

2．我爸爸听汉语广播。

3．我弟弟不喝啤酒。

四 听写

1．我吃（　　　　）。

2．你喝（　　　　）？

3．他们都看（　　　　）。

4．你们（　　　　）日本历史吗？

5．她不（　　　　）课。

Dì sān kè　　Tā　zhēn　piàoliang
第三课　她　真　漂亮

▶背诵例句 bèisòng lìjù ◀

Tā　　hěn　　shuài.
1 他　很　帅。

Nǐ　　gēge　　gèzi　　gāo　　bu　　gāo?
2 你　哥哥　个子　高　不　高？

Wǒ　shēntǐ　bù　hǎo,　nǐ　ne?
3 我　身体　不　好，你　呢？

Jīntiān　tiānqì　zěnmeyàng?
4 今天　天气　怎么样？

Tā　Hànyǔ　chéngjì　bú　tài　hǎo.
5 他　汉语　成绩　不　太　好。

词汇 1 cíhuì

[名　詞]					
哥哥	gēge	兄、お兄さん			
个子	gèzi	身長			
身体	shēntǐ	体			
今天	jīntiān	今日			
天气	tiānqì	天気			
成绩	chéngjì	成績			
夏天	xiàtiān	夏			
昨天	zuótiān	昨日			
风	fēng	風			
校园	xiàoyuán	キャンパス			
图书馆	túshūguǎn	図書館			
明天	míngtiān	明日			
上午	shàngwǔ	午前			
下午	xiàwǔ	午後			
水饺	shuǐjiǎo	水ギョーザ			

锅贴儿	guōtiēr	焼きギョーザ
儿子	érzi	息子
近来	jìnlái	近頃
工作	gōngzuò	仕事
发音	fāyīn	発音
[形容詞]		
漂亮	piàoliang	美しい
帅	shuài	格好いい
高	gāo	高い
好	hǎo	よい
高兴	gāoxìng	うれしい
多	duō	多い
热	rè	暑い
大	dà	大きい、強い
忙	máng	忙しい
难	nán	難しい

[動　詞]		
认识	rènshi	知り合う
怕	pà	怖がる、～に弱い
[代名詞]		
怎么样	zěmeyàng	どうですか
[助　詞]		
呢	ne	～は？
呀	ya	(～だ)よ
[副　詞]		
真	zhēn	本当に
很	hěn	とても
最	zuì	もっとも～
特别	tèbié	特に
[詞　句]		
不太	bú tài	さほど…ない

27

语法 yǔfǎ

1　形容詞述語文

状態や性質を表す文は主語の後に述語として形容詞が直接来る。形容詞は単独で述語となるが、しばしば程度を表す副詞（"很"など）が前に置かれる。また形容詞に程度を表す副詞が伴わない場合、対比のニュアンスが生じる（3の例文を参照）。

イ）
Rènshi nǐ, wǒ hěn gāoxìng.
认识 你， 我 很 高兴。

Wǒ yě hěn gāoxìng.
——我 也 很 高兴。

ロ）
Nǐ jiā de shū zhēn duō.
你 家 的 书 真 多。

Dōu shì wǒ bàba de.
——都 是 我 爸爸 的。

2　主述述語文

述語に主述句が用いられることがある。

イ）
Dàbǎn xiàtiān hěn rè.
大阪 夏天 很 热。

Shì ma? Wǒ zuì pà rè.
——是 吗? 我 最 怕 热。

ロ）
Zuótiān fēng tèbié dà.
昨天 风 特别 大。

Jīntiān yě dà ya.
——今天 也 大 呀。

3　形容詞の否定と疑問

形容詞を述語とする文を打ち消す時には形容詞の前に"不"を置く。文末に"吗?"を付けると疑問文になる。

イ）
Nǐmen xuéxiào de xiàoyuán dà ma?
你们 学校 的 校园 大 吗?

Xiàoyuán bú dà, túshūguǎn dà.
——校园 不 大， 图书馆 大。

ロ）
Nǐ míngtiān máng ma?
你 明天 忙 吗?

Shàngwǔ máng, xiàwǔ bù máng.
——上午 忙， 下午 不 忙。

4 反復疑問文

形容詞や動詞は"肯定＋否定"の形で疑問文を作ることができる。

Nǐ kàn bu kàn diànshì?
イ）你 看 不 看 电视?

Wǒ bú kàn.
—我 不 看。

Hànyǔ nán bu nán?
ロ）汉语 难 不 难?

Yǔfǎ bù nán, fāyīn nán.
—语法 不 难, 发音 难。

5 省略疑問の「呢」

名詞（名詞句）＋"呢"の形で、「～は？」（「～はどうですか」「～はどうしましたか」）と詳しい表現を省略した疑問文を作ることができる。

Wǒ chī shuǐjiǎo, nǐ ne?
イ）我 吃 水饺, 你 呢?

Wǒ chī guōtiēr.
—我 吃 锅贴儿。

6 疑問代名詞「怎么样」

形容詞の疑問文は"怎么样"を用いて、「どのようであるか」という意味になる。この語は単独で用いると、「いかがですか」という程度・状態などを尋ねる表現にもなる。

Nǐ érzi jìnlái zěnmeyàng?
イ）你 儿子 近来 怎么样?

Tā gōngzuò tèbié máng.
—他 工作 特别 忙。

7 「太～了」と「不太～」

"太～了"の形で、「たいへん～だ」という強調表現になる。また"不太～"で部分否定になり、「さほど～ではない」という意味になる。

Rìběn xiàtiān tài rè le, Hánguó zěnmeyàng?
イ）日本 夏天 太 热 了, 韩国 怎么样?

Hánguó bú tài rè.
—韩国 不 太 热。

29

親族呼称

爸爸	bàba	父亲 fùqin	お父さん	
妈妈	māma	母亲 mǔqin	お母さん	
哥哥	gēge		あに	
姐姐	jiějie		あね	
弟弟	dìdi		おとうと	
妹妹	mèimei		いもうと	

兄弟姐妹	xiōngdì jiěmèi	兄弟姉妹
爷爷	yéye	父方の祖父
奶奶	nǎinai	父方の祖母
老爷	lǎoye	母方の祖父
姥姥	lǎolao	母方の祖母

親族関係図

[一] yī の声調変化

数の [一] は単独で読んだり、次の①のような場合は第一声で"yī"となるが、他は後続する声調によって、②や③のように変化する。

① 順を表したり、語末、固有名詞の場合の [一] は第一声。

yī	dìyīkè	yīyuè	èrshiyī	tǒngyī	Yīláng
一	第一课	一月	二十一	统一	一郎

② 後に第一声、第二声、第三声が続く場合、[一] yī は [一] yì（第四声）に変わる。

yī ＋ 第一声 → **yì** qiān 一千　　**yì** fēn 一分

yī ＋ 第二声 → **yì** nián 一年　　**yì** máo 一毛

yī ＋ 第三声 → **yì** bǎi 一百　　**yì** chǐ 一尺

③ 後に第四声が続く場合、[一] yī は [一] yí（第二声）に変わる。

yī ＋ 第四声 → **yí** wàn 一万　　**yí** cùn 一寸

对话 duìhuà

I
Nǐ fùmǔ shēntǐ hǎo ma?
你 父母 身体 好 吗？

① Tāmen shēntǐ bú tài hǎo, dànshì měitiān dōu shàngbān.
① 他们 身体 不 太 好， 但是 每天 都 上班。

② Tāmen shēntǐ fēicháng hǎo, kěshì gōngzuò tài máng.
② 他们 身体 非常 好， 可是 工作 太 忙。

II
Zhōngguó de diànnǎo guì bu guì?
中国 的 电脑 贵 不 贵？

① Bù piányi. Nǐ mǎi shénme páizi de?
① 不 便宜。 你 买 什么 牌子 的？

② Guì, tèbié guì. Rìběn ne?
② 贵， 特别 贵。 日本 呢？

III
Jīntiān tiānqì zěnmeyàng?
今天 天气 怎么样？

① Jīntiān tiānqì tèbié hǎo.
① 今天 天气 特别 好。

② Duìbuqǐ, wǒ bù zhīdào.
② 对不起， 我 不 知道。

// 词汇 2 cíhuì //

[名　詞]			[動　詞]			[副　詞]		
父母	fùmǔ	父母	上班	shàngbān	出勤する	非常	fēicháng	非常に、とても
每天	měitiān	毎日	知道	zhīdào	知っている	太	tài	あまりにも、～すぎる
电脑	diànnǎo	コンピューター、	[形容詞]			[接続詞]		
		パソコン	贵	guì	(値段が)高い	但是	dànshì	しかし
牌子	páizi	ブランド	便宜	piányi	安い	可是	kěshì	しかし

31

练习题 liànxítí

一 请用汉语回答下列问题

1．Nǐmen xuéxí máng bu máng?

2．Tā fāyīn zěnmeyàng?

3．Zhōngguó xiàtiān rè, Rìběn ne?

二 把下面的日语翻译成汉语

1．今日、午前中は天気がよいですが、午後はどうですか？

2．中国のパソコンはとても高価だけれど、日本のは？

3．私たちの大学の図書館はあまり大きくありません。

三 把下面的汉语翻译成日语

1．中国汉堡包贵，水饺便宜。

2．今天老师不高兴。

3．汉语语法难不难？

四 听写

1．你哥哥（　　　　）？

2．他（　　　　）不高。

3．我汉语成绩不好，你（　　　　）？

4．明天天气（　　　　）？

5．她不太（　　　　）。

/// 补充词汇1 bǔchōng cíhuì ///

32 ①打消し形と疑問形にしてみよう

说	shuō	話す	写	xiě	書く	去	qù	行く
来	lái	来る	大	dà	大きい	贵	guì	(値が)高い

33 ②対話してみよう

「出身国」

A 你 是 （　　） 人 吗?

B —— 我 是 （　　） 人。

美国	Měiguó	アメリカ	俄罗斯	Éluósī	ロシア	泰国	Tàiguó	タイ
德国	Déguó	ドイツ	加拿大	Jiānádà	カナダ	澳大利亚	Àodàlìyà	
法国	Fǎguó	フランス	越南	Yuènán	ベトナム			オーストラリア

「職業」

A 你 是 （　　） 吗?

B —— 我 是 （　　）。

护士	hùshi	看護士	司机	sījī	運転士	医生	yīshēng	医者
警察	jǐngchá	警察	翻译	fānyì	通訳	导游	dǎoyóu	ガイド
服务员	fúwùyuán	従業員	公司职员	gōngsī zhíyuán		教授	jiàoshòu	教授
售货员	shòuhuòyuán	販売員			会社員			

「食べ物」

A 你 吃 （　　） 吗 ?

B —— 我 吃。

B —— 我 不 吃。

饭团	fàntuán	おにぎり	热狗	règǒu	ホットドッグ	冰激凌	bīngjīlíng	
寿司	shòusī	すし	比萨饼	bǐsàbǐng	ピザ			アイスクリーム
芒果	mángguǒ	マンゴー						

「飲み物」

A 你 喝 什么?

B —— 我 喝 （　　）。

绿茶	lǜchá	緑茶	果汁	guǒzhī	ジュース	啤酒	píjiǔ	ビール
红茶	hóngchá	紅茶	矿泉水	kuàngquánshuǐ		葡萄酒	pútaojiǔ	ワイン
豆浆	dòujiāng	豆乳			ミネラルウォーター	绍兴酒	shàoxīngjiǔ	紹興酒

33

③形容詞を覚えよう

大	dà	大きい		小	xiǎo	小さい
重	zhòng	重い		轻	qīng	軽い
粗	cū	太い		细	xì	細い
厚	hòu	厚い	⇔	薄	báo	薄い
长	cháng	長い		短	duǎn	短い
快	kuài	(スピードが)速い		慢	màn	ゆっくり
早	zǎo	(時刻が)早い		晚	wǎn	おそい

[参考] 1

// 親族呼称 //

儿子	érzi	むすこ	妻子	qīzi	妻	姑姑	gūgu	おば(父の姉妹)
女儿	nǚ'ér	むすめ	夫人	fūrén	奥さん	舅舅	jiùjiu	母方のおじ
孩子	háizi	子ども	夫妻	fūqī	夫妻	姨	yí	母方のおば
爱人	àiren	配偶者	大爷	dàye	おじ(父の兄)	孙子	sūnzi	孫
丈夫	zhàngfu	夫	叔叔	shūshu	おじ(父の弟)	孙女	sūnnǚ	孫娘

[参考] 2

// 気象の言葉 //

太阳	tàiyáng	太陽	晴天	qíngtiān	晴れ	天气预报	tiānqì yùbào	
云	yún	雲	雨天	yǔtiān	雨降り			天気予報
多云	duōyún	曇りがち	梅雨	méiyǔ	梅雨	东北风	dōngběifēng	北東の風
台风	táifēng	台風	地震	dìzhèn	地震			

Dì sì kè Wǒ méi yǒu Zhōngguó péngyou
第 四 课 我 没 有 中国 朋友

▶ 背诵例句 bèisòng lìjù ◀

Nǐ yǒu shǒujī ma?
1 你 有 手机 吗?

Wǒ yǒu liǎng běn Zhōngwénshū.
2 我 有 两 本 中文书。

Tā yǒu jǐ ge gēge?
3 她 有 几 个 哥哥?

Nǐmen dàxué yǒu duōshao xuésheng?
4 你们 大学 有 多少 学生?

Zhèi liàng zìxíngchē duōshao qián?
5 这 辆 自行车 多少 钱?

// 词汇 1 cíhuì //

[名 詞]		
手机	shǒujī	携帯電話
两	liǎng	数量の2
自行车	zìxíngchē	自転車
钱	qián	お金
小说	xiǎoshuō	小説
事	shì	事、用事
票	piào	チケット、切符
笔	bǐ	筆記具
职员	zhíyuán	職員
班	bān	クラス

[代名詞]		
几	jǐ	幾つ
多少	duōshao	どれくらい
这	zhè	これ、この
哪个	něige	どれ
那些	nèixiē	それら

[動 詞]		
有	yǒu	ある、いる、持っている
写	xiě	書く

[量 詞]		
本	běn	～冊
个	ge	～人、～個

辆	liàng	～台(車両)
张	zhāng	～枚
台	tái	～台
支	zhī	～本

[副 詞]		
大约	dàyuē	およそ

[語 句]		
没有	méi yǒu	ない、いない、持っていない
多少钱	duōshao qián	いくら(値段)

35

语法 yǔfǎ

1 指示代名詞

中国語の指示代名詞は近称 "这"・遠称 "那"・疑問 "哪" の３種に分かれる。"这" "那" は主語として単独で用いられるが、哪は単独では用いられない。

	近　称	遠　称	疑　問
基 本 形	zhè 这　これ	nà 那　それ、あれ	
単数表示	zhège(zhèige) 这个 この、これ	nàge(nèige) 那个 その、あの、それ、あれ	nǎge(něige) 哪个 どの、どれ
複数表示	zhèxiē(zhèixiē) 这些 これら	nàxiē(nèixiē) 那些 それら、あれら	nǎxiē(něixiē) 哪些 どれら

※話し言葉では（　）の発音がよく用いられる。

```
        Něige   shì   nǐ   de?
イ）哪个   是  你  的?

          Zhèige  shì  wǒ  de.
    ── 这个   是  我  的。

          Nèixiē  dōu  shì  nǐ  de  ma?
ロ）那些   都  是  你  的  吗?

          Bù   dōu  shì  wǒ  de.
    ── 不  都  是  我  的。
```

2 量　詞

事物の数量を数える時には、それぞれの事物にふさわしい量詞が必要となり、数詞 ＋ 量詞 ＋ 名詞 の語順となる。（この場合、単独の "一" は声調変化し、単独の "二" は "两" となることに注意）

```
    yí   jiàn  shì        liǎng  ge  péngyou        sān  zhāng  piào
    一   件   事         两   个   朋友           三   张    票

    sì   běn  shū         wǔ  tái  diànshì         liù  zhī  bǐ
    四   本  书           五  台  电视            六  支  笔
```

3 「的」による名詞化（名詞句を作る「的」）

"的" は名詞を修飾し、全体で名詞句を作る。

```
        Nǐ  xiě  de  xiǎoshuō  shì  zhèi  běn  ma?
イ）你  写  的  小说   是  这  本  吗?

          Bú  shì,  shì  nèi  běn.
    ── 不  是,  是  那  本。
```

4 　所有を表す「有」

　　所有を表す動詞"有"は目的語に人や物を置くことができる。打ち消しには"没"を用いて"没有"とする。

　　　　　Nǐ　yǒu　diànnǎo　ma?
イ)　你　有　电脑　吗?

　　　　　Wǒ　méi　yǒu　diànnǎo.
　—我　没　有　电脑。

5 　数量を問う疑問代名詞

　　"几"と"多少"は数量を問う疑問代名詞で、"几"は1〜10の数か、それ以上の数であっても序数の場合に用い、"多少"にはそれらの制限がなく用いられる。"多少"の場合、量詞が省略されることが多い。

　　　　　Nǐmen　gōngsī　yǒu　duōshao　ge　zhíyuán?
イ)　你们　公司　有　多少　(个)　职员?

　　　　　Dàyuē　yǒu　wǔ　qiān　ge.
　—大约　有　五　千　个。

　　　　　Nǐmen　bān　yǒu　jǐ　ge　liúxuéshēng?
ロ)　你们　班　有　几　个　留学生?

　　　　　Yǒu　wǔ　ge.　Sān　ge　Zhōngguórén、liǎng　ge　Hánguórén.
　—有　五　个。　三　个　中国人、　两　个　韩国人。

　　　　　Jīntiān　nǐmen　xuéxí　dì　jǐ　kè?
ハ)　今天　你们　学习　第　几　课?

　　　　　Dì　shísì　kè.
　—第　十四　课。

お金の単位

	1	0.1	0.01
書面	圆 yuán・元 yuán	角 jiǎo	分 fēn
口語	块 kuài	毛 máo	分 fēn

　　日本のお金の単位「円」は「圓」を省略して日本で作られた略字。中国での簡体字は「圆」と表記され、更に画数を減らした「元」が使用される。口語ではしばしば最終単位が省略される。(なお日本円は日元 Rìyuán、米ドルは美元 Měiyuán という)

	èrshiwǔ kuài sān máo liù　(fēn)		liùshí kuài jiǔ máo sì　(fēn)
25.36 元	二十五块　三毛　六(分)	60.94 元	六十块　九毛　四(分)
	bāshibā kuài　qī (máo)		yìbǎi líng wǔ kuài sì (máo)
88.70 元	八十八块　七(毛)	105.40 元	一百零五块四(毛)
	yìbǎi wǔshí kuài　　yìbǎiwǔ		èrbǎi liùshisān kuài líng bā fēn
150.00 元	一百　五十块(or 一百五)	263.08 元	二百六十三块零八分
	liǎngqiān sānbǎi kuài (liǎngqiān sān)		
2300.00 元	两千三百块　　(两千三)		

37

▶39 对话 duìhu

Ⅰ
Nǐ gēge yǒu duìxiàng ma?
你 哥哥 有 对象 吗?

① Tā yǒu hěn duō nǚpéngyou, dànshì hái méi yǒu duìxiàng.
他 有 很 多 女朋友, 但是 还 没 有 对象。

② Tā yǐqián yǒu, dànshì xiànzài hǎoxiàng méi yǒu.
他 以前 有, 但是 现在 好像 没 有。

Ⅱ
Qǐngwèn, nèi jiàn hóng máoyī duōshao qián?
请问, 那 件 红 毛衣 多少 钱?

① Dàhào de yìbǎi kuài, xiǎohào de bāshí kuài.
大号 的 一百 块, 小号 的 八十 块。

② Něi jiàn? Shì zhèi jiàn ma? Zhèi jiàn bú mài.
哪 件? 是 这 件 吗? 这 件 不 卖。

Ⅲ
Qǐngwèn, nǐmen fàndiàn shuāngrén fángjiān yào duōshao qián?
请问, 你们 饭店 双人 房间 要 多少 钱?

① Yì tiān wǔ bǎi wǔshí kuài qián.
一 天 五 百 五十 块 钱。

② Duìbuqǐ, xiànzài méi yǒu kòngfáng.
对不起, 现在 没 有 空房。

▶40 // 词汇2 cíhuì //

[名 詞]
对象　duìxiàng　恋人、婚約者
女朋友　nǚpéngyou
　　　　　　ガールフレンド
以前　yǐqián　以前
现在　xiànzài　今、現在
毛衣　máoyī　セーター
大号　dàhào　大きいサイズ
小号　xiǎohào　小さいサイズ
饭店　fàndiàn　ホテル

双人房间　shuāngrén fángjiān
　　　　　　ツインルーム
空房　kòngfáng　空室
房间　fángjiān　部屋
电影票　diànyǐngpiào
　　　　　　映画のチケット

[動 詞]
卖　mài　　売る
要　yào　かかる、必要とする

[量 詞]
块　kuài　　～元(お金の単位)
件　jiàn　　～着(衣服)
天　tiān　　～日間

[形容詞]
红　hóng　　赤い

[副 詞]
还　hái　まだ、いまだに
好像　hǎoxiàng　～みたい、
　　　　　　～のようだ

38

练习题 liànxítí

一 用汉语回答下列问题

1．Nǐ yǒu jǐ běn cídiǎn?　　　　　　(cídiǎn＝词典：[名詞] 辞書)

2．Nǐmen bān yǒu duōshao xuésheng?

3．Nǐ mǎi de Zhōngwénshū duōshao qián?

二 把下面的日语翻译成汉语

1．これらの本は、すべてあなたのですか？

2．あなたは中国人の友達がいますか？

3．私は携帯電話を持っていません。

三 把下面的汉语翻译成日语

1．对不起，我们饭店现在没有空房。

2．我买的毛衣不是大号的，是小号的。

3．我有三张电影票，你有几张？

四 听写

1．这本中文书（　　　　　）？

2．我没有（　　　　　）。

3．你有（　　　　　）中国朋友？

4．你们大学有（　　　　　）老师？

5．我有两辆（　　　　　）。

39

第五课　我家在北京

Dì wǔ kè　Wǒ　jiā　zài　Běijīng

▶背诵例句 bèisòng lìjù ◀

1　我　的　中文书　在　书架上。
Wǒ　de Zhōngwénshū zài　shūjiàshang.

2　你　买　的　酸奶　不　在　冰箱里。
Nǐ　mǎi　de　suānnǎi　bú　zài　bīngxiāngli.

3　咱们　在　这个　菜馆　吃饭　吧。
Zánmen　zài　zhèige　càiguǎn　chīfàn　ba.

4　从　这儿　到　火车站　怎么　走？
Cóng　zhèr　dào　huǒchēzhàn　zěnme　zǒu?

5　你　家　离　公司　有　多　远？
Nǐ　jiā　lí　gōngsī　yǒu　duō　yuǎn?

词汇 1 cíhuì

[名　詞]

家 jiā　いえ
书架 shūjià　本棚
上 shang　～の上
酸奶 suānnǎi　ヨーグルト
冰箱 bīngxiāng 冷蔵庫
里 li　～の中
菜馆 càiguǎn
　　　　料理店、レストラン
火车站 huǒchēzhàn 列車の駅
桌子 zhuōzi　テーブル、机
钱包 qiánbāo　財布
彩色复印机 cǎisè fùyìnjī
　　　　カラーコピー機
办公室 bàngōngshì
　　　　事務所、研究室
汽车站 qìchēzhàn　バス停

功课 gōngkè
　　　　授業の内容、勉強
礼堂 lǐtáng　講堂
演讲 yǎnjiǎng　講演
暑假 shǔjià　夏休み
时间 shíjiān　時間
星期 xīngqī　週、曜日
日语 Rìyǔ　日本語
苹果 píngguǒ　リンゴ

[動　詞]

在 zài　　～にある、～にいる
走 zǒu　歩く、行く、立ち去る
复习 fùxí　復習する
念 niàn　声を出して読む

[量　詞]

种 zhǒng　種類
斤 jīn　斤、500 グラム

[副　詞]

就 jiù　まさに、すぐに
一直 yìzhí　ずっと
还 hái　なお、あと～

[代名詞]

这儿 zhèr　ここ
怎么 zěnme　どのように～

[語　句]

多远 duō yuǎn
　　　　どれくらいの距離
多长 duō cháng
　　　　どれくらいの長さ

[介　詞]

在 zài　　～に、～で
从～到… cóng~dào…
　　　　～から…まで
离 lí　～から、～より、～まで
往 wǎng　　～へ、～に

语法 yǔfǎ

1 場所を表す指示代名詞と方位詞

❶場所を表す指示代詞は近称・遠称・疑問の3種に分かれる。

近　称	遠　称	疑　問
zhèili 这里 ここ	nàli 那里 そこ、あそこ	nǎli 哪里 どこ
zhèr 这儿 ここ	nàr 那儿 そこ、あそこ	nǎr 哪儿 どこ

※「哪里」の発音に注意！

❷方位を示す东、南、西、北、上、下などは単独では場所を表す語にはならず、下表のように "〜头"、"〜边（儿）"、"〜面" などと組み合わせて、場所を表す語とする。

Ⓐ Ⓑ	dōng 东	nán 南	xī 西	běi 北	shàng 上	xià 下	zuǒ 左	yòu 右	qián 前	hòu 后	lǐ 里	wài 外	páng 旁	duì 对
tóu 头	×	×	×	×	○	○	×	×	○	○	○	○	×	×
biānr 边（儿）	○	○	○	○	○	○	○	○	○	○	○	○	○	×
miàn 面	○	○	○	○	○	○	○	○	○	○	○	○	×	○

※事物の名称はそれ自体としては場所を示すことはできず、名詞の後に方位詞など場所を表す語を付ける。また指示代名詞と結合して这边儿（こちら）、那边儿（あちら）、哪边儿（どちら）がある。

　　　xuéxiào pángbiānr
イ）学校　旁边儿

　　　zhuōzi　xiàbianr
ロ）桌子　下(边儿)

　　　lìshǐ shang
ハ）历史　上

　　　qiánbāo li
ニ）钱包　里

2 存在表現「在」

"在"は存在を表し、動詞として「〜にいる」「〜にある」という意味になる。

　　　Nǐ míngtiān zài jiā ma?
イ）你 明天 在 家 吗?

　　　　Bú zài, míngtiān wǒ yǒu shì.
　　　—不 在, 明天 我 有 事。

　　　Cǎisè fùyìnjī zài nǎr?
ロ）彩色 复印机 在 哪儿?

　　　　Jiù zài bàngōngshìli.
　　　—就 在 办公室里。

③ 介詞「在」

"在"には前置詞としての用法があって、"在"＋場所を表す語（〜）＋動詞（…）の語順で「〜で…する」の意味になる。中国語ではこの前置詞を"介詞"と言う。

Nǐ zài nǎr chī wǔfàn?
イ）你 在 哪儿 吃 午饭?

Zài xuéxiào pángbiānr de Zhōngguó càiguǎn chī.
— 在 学校 旁边儿 的 中国 菜馆 吃。

Jīntiān xiàwǔ wǒ zài túshūguǎn fùxí gōngkè, nǐ ne?
ロ）今天 下午 我 在 图书馆 复习 功课， 你 呢?

Wǒ zài lǐtáng tīng yǎnjiǎng.
— 我 在 礼堂 听 演讲。

④ 「在」以外の場所・方向を表す介詞

起点、到達点、方向性を示す前置詞には、"从"（〜から）、"到"（〜まで）、"往"（〜へ）などがある。また二点（A・B）間の隔たりを示すA "离" B（AはBから、Bまで）があり、"离"の述語は"远"、"近"などの形容詞か、あるいは"有〜"に限られる。

Qìchēzhàn zài nǎr?
イ）汽车站 在 哪儿?

Cóng zhèr yìzhí wǎng qián zǒu, jiù zài nàr.
— 从 这儿 一直 往 前 走， 就 在 那儿。

Lí shǔjià hái yǒu duō cháng shíjiān?
ロ）离 暑假 还 有 多 长 时间?

Hái yǒu liǎng ge xīngqī.
— 还 有 两 个 星期。

⑤ 疑問代名詞「怎么①」

"怎么"はその直後に動作動詞が直接来ると、「どのように〜するの？」という動作のやり方や方法を尋ねる表現になる。

Cáo Zhēng, nǐ de míngzi Rìyǔ zěnme niàn?
イ）曹 峥， 你 的 名字 日语 怎么 念?

Niàn そうそう
— 念 曹峥。

Zhèi zhǒng píngguǒ zěnme mài?
ロ）这 种 苹果 怎么 卖?

Shí kuài qián yì jīn.
— 十 块 钱 一 斤。

42

对话 duìhuà

I
Nǐ jīntiān xiàwǔ zài jiā ma?
你 今天 下午 在 家 吗?

① Zài a, wǒ zài jiā zuò zuòyè.
在 啊, 我 在 家 做 作业。

② Bú zài, nǐ yǒu shì ma?
不 在, 你 有 事 吗?

II
Nǐ jiā lí xuéxiào yuǎn bu yuǎn?
你 家 离 学校 远 不 远?

① Yuǎn. Dàn wǒ bù cháng lái xuéxiào.
远。 但 我 不 常 来 学校。

② Bù yuǎn. Jiù zài dàxué duìmiàn.
不 远。 就 在 大学 对面。

III
Nǐ míngtiān zěnme guò?
你 明天 怎么 过?

① Gēn wǒ nánpéngyou yìqǐ qù yóulèyuán.
跟 我 男朋友 一起 去 游乐园。

② Wǒ xiànzài hái méi yǒu shénme dǎsuàn.
我 现在 还 没 有 什么 打算。

词汇 2 cíhuì

[名 詞]			[動 詞]			[副 詞]		
作业	zuòyè	宿題	做	zuò	～する、～をやる	常	cháng	常に、よく
对面	duìmiàn	向かい側	来	lái	来る	一起	yìqǐ	一緒に
男朋友	nánpéngyou		过	guò	過ごす、祝祭日を祝う	[介 詞]		
		ボーイフレンド	去	qù	行く	跟	gēn	～と
游乐园	yóulèyuán	遊園地	[形容詞]			[接続詞]		
打算	dǎsuàn	心積もり、予定	远	yuǎn	遠い	但	dàn	しかし
			近	jìn	近い			

43

练习题 liànxítí

一 用汉语回答下列问题

1．Nǐ de Zhōngwénshū zài nǎr?

2．Jīntiān nǐ zài nǎr chī wǔfàn?

3．Nǐ míngtiān zěnme guò?

二 把下面的日语翻译成汉语

1．明日、私は私の妹と一緒に大阪に行きます。

2．あなたの名前は中国語でどう読みますか？

3．私が買ったパソコンはここにはなくて、あちらにあります。

三 把下面的汉语翻译成日语

1．今天我在家复习汉语功课。

2．我姐姐今天在外面吃午饭。

3．我家离 JR 车站特别远，但离汽车站很近。

四 听写

1．菜馆离这儿有（　　　　）？

2．从这儿到你们大学（　　　　）？

3．（　　　　）里有酸奶。

4．我买的中文书在（　　　　）上。

5．我们（　　　　）不在北京。

44

第六课　我们　大学　每天　九　点　上课
Dì liù kè　Wǒmen dàxué měitiān jiǔ diǎn shàngkè

▶背诵例句 bèisòng lìjù◀

1　我　爸爸　的　生日　是　七月　十四　号。
　　Wǒ bàba de shēngrì shì qīyuè shísì hào.

2　他们　公司　星期六　和　星期天　都　不　上班。
　　Tāmen gōngsī xīngqīliù hé xīngqītiān dōu bú shàngbān.

3　你们　单位　几　点　下班？
　　Nǐmen dānwèi jǐ diǎn xiàbān?

4　112　次　列车　两　点　零　二　分　开。
　　Yāoyāo'èr cì lièchē liǎng diǎn líng èr fēn kāi.

5　近来，她　有点儿　没　精神。
　　Jìnlái, tā yǒudiǎnr méi jīngshen.

// 词汇1 cíhuì //

[名　詞]
生日　shēngrì　誕生日
星期六　xīngqīliù　土曜日
星期天　xīngqītiān　日曜日
单位　dānwèi　職場、会社
列车　lièchē　列車
零　líng　ゼロ＝〇（二つの数の間に置いて端数の追加や桁のとび越しを示す）
多　duō　～あまり
一点儿　yìdiǎnr　少し

[動　詞]
上课　shàngkè　授業をする、授業に出る

下班　xiàbān　仕事が終わる
开　kāi　発車する
建国　jiànguó　建国（をする）

[形容詞]
差　chà　足りない
冷　lěng　寒い
凉快　liángkuai　涼しい

[副　詞]
有点儿　yǒudiǎnr　少し、ちょっと～だ（否定的）

[語　句]
没(有)精神　méi(you)jīngshen　元気がない

[量　詞]
点(钟)　diǎn(zhōng)　～時
月　yuè　～月
号　hào　～日
次　cì　～号
分　fēn　～分
刻　kè　15分(間)
小时　xiǎoshí　～時間

语法 yǔfǎ

① **年月日**

年月日の表現方法や数字の読み方は以下のようになる。

❶西暦年号の読み方：数字を一つずつ粒読みするが、二字で区切ると読みやすい。

yī jiǔ jiǔ jiǔ nián　　　èr líng líng líng nián　　　èr líng èr yī nián
一 九 九 九 年 ／ 二 〇 〇 〇 年 ／ 二 〇 二 一 年

　　Jīnnián (shì) yī jǐ nián?　　　èr líng jǐ jǐ nián?　　jǐ jǐ nián?
イ）今年（是）一 几 年? ／（二 〇 几 几 年? , 几 几 年?）

　　Zhōngguó jiànguó (shì)　yī jiǔ jǐ jǐ nián?　　Yī jiǔ sì jiǔ nián.
ロ）中国 建国（是）一 九 几 几 年? ― 一 九 四 九 年。

※**"是"の省略**：年月日、時刻、曜日、年齢、出身地などを言う場合、動詞 "是" は必要なく、名詞だけで述語になれる。ただし、否定文では "是" が必要となって、"不是" を用いる。

❷日・月の読み方：数字の "一" は変調のない "yī"、"二" は "èr"。"日" は口語では "号hào"、書面では "日 rì" が用いられる。

yīyuè yī hào　　　èryuè èr hào　　　shíyīyuè shí'èr hào
一月 一 号 ／ 二月 二 号 ／ 十一月 十二 号

　　Jīntiān (shì) jǐ yuè jǐ hào?　　Liùyuè èrshisì hào.
イ）今天（是）几 月 几 号? ― 六月 二十四 号。

　　Zuótiān bú shì sānshí hào, shì sānshiyī hào.
ロ）昨天 不 是 三十 号 , 是 三十一 号。

② **曜日**

曜日は "星期一" が月曜日となり、以下は次のように対応する。また "星期" の代りに "礼拜（lǐbài）" や "周（zhōu）" が用いられることもある。

xīngqī yī, èr, sān sì, wǔ. liù tiān rì
星期（一, 二, 三, 四, 五, 六, 天 ／ 日）

　　Míngtiān xīngqī jǐ?　　Xīngqītiān.
イ）明天 星期 几? ― 星期天。

③ **時刻**

時刻の「時」・「分」は "点""分" で表現される。数字の用い方に注意すること。

liǎng diǎn zhōng　sān diǎn líng èr fēn　sì diǎn shíwǔ fēn yí kè
两 点（钟）／三 点 〇 二 分／四 点 十五 分（一 刻）

liù diǎn sānshí fēn bàn　shí diǎn sìshiwǔ fēn sān kè
六 点 三十 分（半）／十 点 四十五 分（三 刻）

46

liǎng diǎn wǔshiwǔ fēn chà wǔ fēn sān diǎn, sān diǎn chà wǔ fēn
两 点 五十五 分（差 五 分 三 点， 三 点 差 五 分）

　　　Xiànzài jǐ diǎn? 　　　Sì diǎn duō.
イ）现在 几 点？ — 四 点 多。

※時量表現：以下は時間の量として認識するものである。
yì nián liǎng nián 　　yí ge yuè liǎng ge yuè 　　yì tiān liǎng tiān
一 年 两 年 ／ 一 个 月 两 个 月 ／ 一 天 两 天

yí ge xīngqī liǎng ge xīngqī 　　yí ge xiǎoshí liǎng ge xiǎoshí
一 （个）星 期 两 （个）星 期 ／ 一 （个）小 时 两 （个）小 时

4 「有点儿」と「一点儿」
　　"有点儿"は述語の前に置かれ、「少し～」の意味になる。多くが否定的でマイナスイメージを伴うので「いささか」「なんとなく」「少し～」と訳される。一方、"一点儿"は同じく「少し」の意味だが述語に後接して客観的判断を表す。

　　　Jīntiān yǒudiǎnr lěng. Jīntiān liángkuai yìdiǎnr.
イ）今天 有点儿 冷。（今天 凉快 一点儿。）

　　　Zhèi jiàn máoyī yǒudiǎnr dà. 　　Wǒ yào dà yìdiǎnr de.
ロ）这 件 毛衣 有点儿 大。 （我 要 大 一点儿 的。）

中国の祝祭日
　中国の新しい祝日法（2008 年～）によって定められた休日は、現在のところ以下の 7 つです。新暦と旧暦が併用されていますので、陰暦行事は毎年、新暦の日付が異なります。

元旦 Yuándàn 　　　　　（〈元日〉 新暦の 1 月 1 日から 3 日間の休み）
春节 Chūnjié 　　　　　（〈旧正月〉 旧暦の一月一日を中心に 7 日間の休み）
清明节 Qīngmíngjié 　　（〈清明〉 新暦の 4 月 5 日頃、3 日間の休み。墓参りをする）
劳动节 Láodòngjié 　　　（〈メーデー〉 新暦 5 月 1 日から 3 日間の休み。）
端午节 Duānwǔjié 　　　（〈端午〉 旧暦五月五日から 3 日間の休み）
中秋节 Zhōngqiūjié 　　（〈中秋〉 旧暦八月十五日から 3 日間の休み）
国庆节 Guóqìngjié 　　　（〈建国記念日〉 新暦 10 月 1 日から 7 日間の休み）

その他、一部の該当者によって行事が行われるものに、以下の 4 つのものがあるようです。対象者が特定されたり、休みが半日だけというものもあります。

妇女节 Fùnǚjié 　　　　（〈女性の日〉 新暦 3 月 8 日 女性は半日休み）
青年节 Qīngniánjié 　　（〈青年の日〉 新暦 5 月 4 日 14 ～ 28 歳の若者は半日休み）
儿童节 Értóngjié 　　　（〈子どもの日〉 新暦 6 月 1 日 13 歳以下の子供は 1 日休み）
建军节 Jiànjūnjié 　　　（〈中国人民解放軍創設記念日〉新暦 8 月 1 日 現役の軍人は半日休み）

▶ 49 对话 duìhuà

Ⅰ ⓐ
Zhōngguó de Chūnjié shì jǐ yuè jǐ hào?
中国 的 春节 是 几 月 几 号？

Zhōngguó de Chūnjié shì yīnlì zhēngyuè chūyī.
—中国 的 春节 是 阴历 正月 初一。

ⓑ
Rìběn guò Chūnjié ma?
日本 过 春节 吗？

Rìběn bú guò Chūnjié, guò Yuándàn.
—日本 不 过 春节， 过 元旦。

Ⅱ ⓐ
Nǐ xīngqī jǐ méi yǒu kè?
你 星期 几 没 有 课？

Wǒ xīngqīliù hé xīngqītiān méi yǒu kè.
—我 星期六 和 星期天 没 有 课。

ⓑ
Nǐ zhè liǎng tiān dōu gàn shénme?
你 这 两 天 都 干 什么？

Zài chāoshì dǎgōng.
—在 超市 打工。

Ⅲ
Nǐ liǎnsè yǒudiǎnr bù hǎo, zěnme le?
你 脸色 有点儿 不 好， 怎么 了？

①
Wǒ yǒudiǎnr fāshāo, shēntǐ bù shūfu.
我 有点儿 发烧， 身体 不 舒服。

②
Zhè jǐ tiān wǒ yìzhí lā dùzi.
这 几 天 我 一直 拉 肚子。

▶ 50 // 词汇2 cíhuì //

[名 詞]

春节	Chūnjié	春節、旧正月
阴历	yīnlì	旧暦
正月	zhēngyuè	正月
初一	chūyī	(旧暦) 1日
元旦	Yuándàn	元旦
超市	chāoshì	スーパーマーケット

脸色	liǎnsè	顔色

[動 詞]

干	gàn	する、やる
打工	dǎgōng	アルバイトをする
发烧	fāshāo	熱が出る

[形容詞]

舒服	shūfu	気分がいい

[語 句]

拉肚子	lā dùzi	下痢をする
怎么了	zěnme le	どうした？
这两天	zhè liǎng tiān	この二日
这几天	zhè jǐ tiān	この数日

练习题 liànxítí

一 用汉语回答下列问题

1．Zhóngguó jiànguó shì yī jiǔ sì jiǔ nián jǐ yuè jǐ hào?

2．Jīntiān xīngqī jǐ?

3．Xiànzài jǐ diǎn?

二 把下面的日语翻译成汉语

1．日曜日に、私は先生と一緒に図書館に行きます。

2．この辞書は少し高いです、少し安いのがありますか？

3．彼は中国語の成績が近ごろ、ちょっとよくありません。

三 把下面的汉语翻译成日语

1．汉语有点儿难，日语呢?

2．她今天有点儿没精神，怎么了?

3．离你的生日还有多长时间？ ／ 还有两个月。

四 听写

1．我（　　　　　）没有课。

2．今天是我的（　　　　　）。

3．我们公司（　　　　　）不上班。

4．我爸爸单位明天（　　　　　）下班。

5．我们（　　　　　）上课。

49

/// 补充词汇2 bǔchōng cíhuì ///

①対話してみよう 52

A 你 有（　　）吗 ？
B —— 有。
B —— 没有。

「文具」

橡皮	xiàngpí	消しゴム	铅笔	qiānbǐ	鉛筆

笔记本　bǐjìběn　ノート

自动铅笔　zìdòng qiānbǐ　　圆珠笔　yuánzhūbǐ　　剪刀　jiǎndāo　はさみ
　　　　　　　　シャープペンシル　　　　　　　ボールペン

「身の回り品」

卫生纸　wèishēngzhǐ　　口罩　kǒuzhào　マスク　　香皂　xiāngzào　石鹸
　　　　ティッシュペーパー　手套　shǒutào　手袋
身份证　shēnfènzhèng 身分証　皮箱　píxiāng　トランク

「衣類」

裙子　qúnzi　　スカート　　睡衣　shuìyī　パジャマ
旅游鞋　lǚyóuxié　　　　　内衣　nèiyī　肌着
　　　　カジュアルシューズ　袜子　wàzi　靴下

②場所をたずねてみよう 53

・（　　）在 哪儿 ？

洗手间　xǐshǒujiān　トイレ　　收款台　shōukuǎntái　レジ　　楼梯　lóutī　階段
邮局　yóujú　　郵便局　　　便利店　biànlìdiàn　　　　售票处　shòupiàochù
银行　yínháng　　銀行　　　　　　コンビニエンスストア　　　　　　切符売り場
博物馆　bówùguǎn　博物館

③対話してみよう 54

「時刻」

A 你（们）几 点（　　）？
B —— 我（们）〈　　〉点（　　）。

出门　chū mén　家を出る　　做饭　zuò fàn　料理を作る　　吃　chī（早饭 zǎofàn　午饭
回家　huí jiā　帰宅する　　洗澡　xǐzǎo　入浴する　　　　　wǔfàn　晚饭 wǎnfàn）
睡觉　shuìjiào　就寝する　　　　　　　　　　　　　　　　朝食・昼食・夕飯をとる

「日付」

A 几 月 几 号（　　）？
B ——〈　　〉月〈　　〉号（　　）。

开学　kāixué　学校が始まる　　搬家　bānjiā　引越しをする
放假　fàngjià　休暇に入る　　　报名　bàomíng　申込む
出发　chūfā　出発する

Dì qī kè　Zuótiān　wǒ　qù　Shénhù　le
第 七 课　昨天　我　去　神户　了

▶背诵例句 bèisòng lìjù ◀

Tiān liàng le.
1 天 亮 了。

Lǐ lǎoshī tāmen yǐjīng zǒu le.
2 李 老师 他们 已经 走 了。

Wǒ dìdi mǎile liǎng hér qiǎokèlì.
3 我 弟弟 买了 两 盒儿 巧克力。

Nǐ mèimei jiéhūn le ma?
4 你 妹妹 结婚 了 吗？

Xiàle kè, wǒmen jiù qù túshūguǎn ba.
5 下了 课，我们 就 去 图书馆 吧。

// 词汇 1 cíhuì //

[名 詞]
天　tiān　空
巧克力　qiǎokèlì　チョコレート
卡拉 OK 厅　kǎlā OK tīng
　　　　　カラオケホール
小朋友　xiǎopéngyou
　　　　　子供(呼びかけ)
岁数　suìshu 年齢
陈　Chén　陳(中国人の姓)
李　Lǐ　李(中国人の姓)
[動 詞]
结婚　jiéhūn 結婚する

下课　xiàkè　授業が終わる
住　zhù　滞在する、泊まる
毕业　bìyè　卒業する
回　huí　もどる
[形容詞]
亮　liàng　明るい
早　zǎo　(時間が)早い
[量 詞]
盒儿　hér　〜個、ケース
　　　　(小さな箱状のもの)
碗　wǎn　〜杯(ご飯)
岁　suì　〜歳

[副 詞]
已经　yǐjīng 既に、もう
[助 詞]
了　le　　(〜し)た
[語 句]
多大　duō dà 何歳
放暑假　fàng shǔjià
　　　　　夏休みに入る

51

语法 yǔfǎ

1 「了」の使い方

❶ 動詞（〜）+"了"の形で「〜した」という意味になり、その動作が実際に行われたことを表す。否定には没（or 没有）+動詞の形で"了"はつけない。

イ）Qù. 去。(行く) ／ Qù le. 去 了。(行った)

ロ）Bú qù. 不 去。(行かない) ／ Méi qù. 没 去。(or 没有去) (行っていない、行かなかった)

ハ）Qù ma? 去 吗？(行きますか) ／ Qù le ma? 去 了 吗？(行きましたか)

ニ）Qù bu qù? 去 不 去？(行きますか) ／ Qù le méiyou? 去 了 没有？(or 去没去？) (行きましたか)

❷ 動詞+"了"に修飾語を持たない目的語を置くときには文末にも"了"をつける（ロ）。この場合、動詞の直後の"了"は省略されることが多い（ハ）。

イ）Chī fàn. 吃 饭。(ご飯を食べる)

ロ）Chīle fàn le. 吃了 饭 了。(ご飯を食べた)

ハ）Chī fàn le. 吃 饭 了。(ご飯を食べた)

※目的語に数量や時間幅などを表す修飾語がつく場合、その分量だけ動作を終えたことを表す。その文末に更に"了"が後接すると、数量について到達・達成し、さらに続いていくことを表す。なお、時量表現は動作の量を表す時、動詞の後につく。

ニ）Chīle sān wǎn fàn. 吃了 三 碗 饭。(ご飯を三杯食べた)

ホ）Chīle sān wǎn fàn le. 吃了 三 碗 饭 了。(ご飯を食べて三杯になる)

ヘ）zhùle sān tiān le. 住了 三 天 了。(滞在して三日になる)

❸ 一部の動詞は、動詞+"了"の語順で実現されたことがそのままの状態で今に続いていることを表す。

イ）Jiéhūn le. 结婚 了。(結婚した。結婚している)

```
       Lái    le.
ロ）来　  了。（来た。来ている）

       Bìyè    le.
ハ）毕业　  了。（卒業した。卒業している）
```

❹ 文末の"了"は以下のような場合は変化の生じたことを表し、「～になった」と訳す。
また"不～了"でとりやめを表す。

```
       Bā    diǎn.                           Bā    diǎn    le.
イ）八　  点。（8時）            →  八　  点　  了。（8時になった）

       Hǎo.                                  Hǎo    le.
ロ）好。（良い）                →  好　  了。（良くなった）

       Nǐ    kěyǐ    zǒu.                     Nǐ    kěyǐ    zǒu    le.
ハ）你　  可以　  走。（君は行ってよい） →  你　  可以　  走　  了。（君は行ってよいことになった）

       Wǒ    bù    chī.                       Wǒ    bù    chī    le.
ニ）我　  不　  吃。（私は食べない）   →  我　  不　  吃　  了。（私は食べないことにする）
```

❺ "了"は複文の前半に置かれて 動詞 ＋"了"＋ 目的語 ＋(就)の語順で動作の区切りを示し、仮定的表現を作って「～したら」「～すると」などの意味になる。

```
       Xiàle    bān,    wǒmen    jiù    qù    kālā OK tīng    ba.
イ）下了　  班，  我们　  就　  去　  卡拉OK厅　  吧。

           Wǒ    bú    qù,    shēntǐ    yǒudiǎnr    bù    shūfu.
    ―我　  不　  去，身体　  有点儿　  不　  舒服。

       Fàngle    shǔjià,    nǐ    jiù    huí    guó    ma?
ロ）放了　  暑假，你　  就　  回　  国　  吗？

           Duì,    zǎo    qù    zǎo    huí.
    ―对，早　  去　  早　  回。
```

◎　年齢の尋ね方・答え方

```
       Xiǎopéngyou,    nǐ    jǐ    suì    le?
イ）小朋友，你　  几　  岁　  了？

           Wǒ    sān    suì    le.
    ―我　  三　  岁　  了。

       Lǎo-Chén,    nǐ    érzi    jīnnián    duō    dà    le?
ロ）老陈，你　  儿子　  今年　  多　  大　  了？

           Tā    shíbā    suì    le.
    ―他　  十八　  岁　  了。

       Xiǎo-Li,    nǐ    bàba    jīnnián    duō    dà    suìshu    le?
ハ）小李，你　  爸爸　  今年　  多　  大　  岁数　  了？

           Tā    jīnnián    wǔshisān    suì    le.
    ―他　  今年　  五十三　  岁　  了。
```

对话 duìhuà

I　Jīntiān de huānsònghuì, Zhāng lǎoshī lái bu lái?
今天 的 欢送会，张 老师 来 不 来？

① Bù lái, tā yǐjīng huí guó le.
不 来，他 已经 回 国 了。

② Tā lái shì lái, kěshì xiànzài hái méi dào.
他 来 是 来，可是 现在 还 没 到。

II　Nǐ yǐjīng hēle sān píng píjiǔ le, bié zài hē le.
你 已经 喝了 三 瓶 啤酒 了，别 再 喝 了。

① Bú yàojǐn, wǒ shì hǎiliàng. Zài lái yì píng.
不 要紧，我 是 海量。再 来 一 瓶。

② Hǎo ba, jīntiān tīng nǐ de, bù hē le.
好 吧，今天 听 你 的，不 喝 了。

III　Yǐjīng qī diǎn le, xiǎo-Lóng qǐchuáng le ma?
已经 七 点 了，小龙 起床 了 吗？

① Hái méi qǐlái. Tā yǐjīng shuìle shí'èr ge xiǎoshí le ba?
还 没 起来。他 已经 睡了 十二 个 小时 了 吧？

② Tā zǎojiù qǐchuáng le. Qǐle chuáng, jiù chūqù le.
他 早就 起床 了。起了 床，就 出去 了。

// 词汇 2 cíhuì //

[名 詞]		
欢送会 huānsònghuì	起来 qǐlái	起きる
歓送会、送別会	睡 shuì	眠る
海量 hǎiliàng 酒豪	出去 chūqù	
龙 lóng 中国人の名 龍	出ていく、出かける	

[動 詞]
到 dào 着く
起床 qǐchuáng 起床する

[副 詞]
再 zài また、更に
早就 zǎojiù とっくに

[量 詞]
瓶 píng ～本（ビン）

[語 句]
别再～了 bié zài ~ le
　　これ以上～しないように
不要紧 bú yàojǐn
　　大丈夫である、たいしたこと
　　ではない

练习题 liànxítí

一　用汉语回答下列问题

1．Nǐ jiéhūn le ma?

2．Nǐ chī fàn le méiyou?

3．Nǐ mǎile jǐ běn Zhōngwénshū?

二　把下面的日语翻译成汉语

1．昨日、私はセータを一枚買いましたが、ちょっと大きかったです。

2．すでに9時になったのに、彼女はまだ来ていません。

3．彼は今日、送別会に来ませんでした。

三　把下面的汉语翻译成日语

1．我买了五张DVD，你买什么了？

2．我今天有点儿发烧，不去学校了。

3．他下了课，就去卡拉OK厅了。

四　听写

1．我弟弟他们（　　　　）走了。

2．李老师（　　　　）了吗？

3．我们吃了饭，就去（　　　　）吧。

4．她买了两盒儿（　　　　）。

5．（　　　　）我和我妹妹去神户了。

55

第八课 我 能 游 五 百 米
Dì bā kè　Wǒ néng yóu wǔ bǎi mǐ

▶ 背诵例句 bèisòng lìjù ◀
60

1 我 会 开 车。
Wǒ huì kāi chē.

2 你 能 游 多少 米?
Nǐ néng yóu duōshao mǐ?

3 这儿 可以 抽 烟 吗?
Zhèr kěyǐ chōu yān ma?

4 开 车 的 时候, 你 一定 要 多 注意 小孩儿。
Kāi chē de shíhou, nǐ yídìng yào duō zhùyì xiǎoháir.

5 我 想 去 上海 吃 螃蟹。
Wǒ xiǎng qù Shànghǎi chī pángxiè.

61
// 词汇 1 cíhuì //

[名 詞]

车	chē	車
时候	shíhou	時、ころ
小孩儿	xiǎoháir	子供
螃蟹	pángxiè	カニ
单词	dāncí	単語
改天	gǎitiān	他日、後日
晚会	wǎnhuì	夜会
雨伞	yǔsǎn	雨傘
寒假	hánjià	冬休み
驾驶执照	jiàshǐ zhízhào	運転免許

[動 詞]

游	yóu	泳ぐ
开	kāi	(車を)運転する
注意	zhùyì	心掛ける、気を付ける
说	shuō	話す
骑	qí	またがって乗る
背	bèi	暗唱する
钓鱼	diàoyú	魚を釣る
开始	kāishǐ	始める
照相	zhàoxiàng	写真を撮る
帮	bāng	手伝う
学	xué	学ぶ、見習う
带	dài	持つ
回来	huílai	帰って来る
打算	dǎsuàn	～するつもり
考	kǎo	受験する

[助動詞]

会	huì	～できる、～のはずだ、～だろう
能	néng	～できる
可以	kěyǐ	～できる、～してよい
要	yào	～しなければならない、～したい
想	xiǎng	～したい

[量 詞]

米	mǐ	メートル
把	bǎ	椅子、傘、包丁等を数える

[方位詞]

左右	zuǒyòu	～くらい、～ほど

[助 詞]

呐	na	(～です)よ

[介 詞]

向	xiàng	～に

[副 詞]

一定	yídìng	きっと、必ず
再	zài	そのうえ
不用	búyòng	～する必要がない

[語 句]

抽烟	chōu yān	タバコを吸う
下雨	xià yǔ	雨が降る
哪国	něi guó	どの国(の～)

56

语法 yǔfǎ

1 助動詞「会」

"会"は動詞の前に置かれ、「～できる」の意味になる。この「できる」は学習の結果会得したり、たしなみの有無を表すときに用いる。また、同じく助動詞として「～のはずだ」（可能性）、「～だろう」（推量）の意味になることもある。打ち消しは共に"不会"となる。可能性、推量の意味では"会~（的）""不会~（的）"の形をとることもある。

イ）
Huì shuō Hànyǔ qí zìxíngchē hē jiǔ chōu yān
会（说 汉语・骑 自行车・喝 酒・抽 烟）

ロ）
Míngtiān huì xià yǔ ma?
明天 会 下 雨 吗?

Bú huì ba.
— 不 会 吧。

2 助動詞「能」

"能"は動詞の前に置かれ、「～できる」の意味になる。この場合の「できる」は一定の能力や条件があったり、都合の良し悪しを言う。打ち消しは"不能"となる。

イ）
Nǐ néng bèi duōshao (ge) dāncí?
你 能 背 多少 （个） 单词?

Wǒ néng bèi shí ge zuǒyòu ba.
— 我 能 背 十 个 左右 吧。

ロ）
Jīntiān tiānqì bù hǎo, bù néng qù diàoyú le.
今天 天气 不 好, 不 能 去 钓鱼 了。

Nà, zánmen gǎitiān zài qù ba.
— 那, 咱们 改天 再 去 吧。

3 助動詞「可以」

"可以"は動詞の前に置かれ、許可や条件によって可能なことを表し、「～してかまわない」「～できる」などの意味になる。否定の「～してはいけない」「～できない」は"不能~""不可以~"が用いられる。また質問に対する返答として用いる場合、許可・可能には"可以"、否定・禁止には"不能""不可以""不行（bùxíng）"が単独で使われる。疑問形は"可以~吗?""可以不可以~?""可不可以~?"などの形をとる。

イ）
Míngtiān de wǎnhuì wǒ yě kěyǐ cānjiā ma?
明天 的 晚会 我 也 可以 参加 吗?

Dāngrán kěyǐ, liù diǎn kāishǐ.
— 当然 可以, 六 点 开始。

Zhèr kěyǐ zhàoxiàng ma?
ロ） 这儿 可以 照相 吗?

Kěyǐ, wǒ lái bāng nǐ zhào ba.
— 可以， 我 来 帮 你 照 吧。

④ その他の助動詞 ①

義務や必要を表す助動詞には "要" "该" "应该" "得" などがある。なお、"要" "得" の否定には "不用〜" か "不必〜" が用いられ、これらは単独での使用も可能である。

Nǐ yīnggāi xiàng tā xuéxí.
イ） 你 应该 向 他 学习。

Shì, kěshì wǒ zěnme xué ne?
— 是， 可是 我 怎么 学 呢?

Jīntiān xiàwǔ huì xià yǔ de, nǐ děi dài yì bǎ yǔsǎn.
ロ） 今天 下午 会 下 雨 的, 你 得 带 一 把 雨伞。

Búyòng. Xià yǔ qián wǒ jiù néng huílái.
— 不用。 下 雨 前 我 就 能 回来。

⑤ その他の助動詞 ②

願望・意思・予定などを表す助動詞には "想" "(想)要" "打算" "准备" などがある。否定は、願望の否定では "不想〜"、予定の否定では "不打算〜" がよく用いられる。願望表現の "要" は否定には "不想〜" を用いる。

Nǐ xiǎng chī něi guó cài?
イ） 你 想 吃 哪 国 菜?

Wǒ xiǎng chī diǎnr Fǎguócài.
— 我 想 吃 点儿 法国菜。

Jīnnián hánjià nǐ kǎo bu kǎo jiàshǐzhízhào?
ロ） 今年 寒假 你 考 不 考 驾驶执照?

Wǒ bù dǎsuàn kǎo. Méi yǒu qián na.
— 我 不 打算 考。 没 (有) 钱 呐。

对话 duìhuà

Ⅰ
Nǐ huì kāi chē ma?
你 会 开 车 吗?

① Bú huì. Wǒ dǎsuàn cóng xià ge yuè kāishǐ xué.
不 会。我 打算 从 下 个 月 开始 学。

② Huì, kěshì jīntiān wǒ méi dài yǎnjìng, bù néng kāi.
会, 可是 今天 我 没 带 眼镜, 不 能 开。

Ⅱ
Zhèixiē dōu shì wǒ de shū, nǐ kěyǐ suíbiàn kàn.
这些 都 是 我 的 书, 你 可以 随便 看。

① Zhēn de? Zhème duō de shū nǐ dōu kàn le ma?
真 的? 这么 多 的 书 你 都 看 了 吗?

② Xièxie, wǒ xiǎng jiè jǐ běn, kěyǐ ma?
谢谢, 我 想 借 几 本, 可以 吗?

Ⅲ
Wǒ xiǎng mǎi shuāng píxié, zài jǐ lóu mài?
我 想 买 双 皮鞋, 在 几 楼 卖?

① Wǔ lóu. Nǐ kěyǐ zuò diàntī shàngqu.
五 楼。 你 可以 坐 电梯 上去。

② Wǒ bú shì shòuhuòyuán, bù zhīdào. Nǐ qù wènwen tā ba.
我 不 是 售货员, 不 知道。 你 去 问问 她 吧。

词汇 2 cíhuì

[名 詞]
眼镜 yǎnjìng メガネ
皮鞋 píxié 革靴
电梯 diàntī エレベーター
售货员 shòuhuòyuán 販売員
[動 詞]
借 jiè 借りる、貸す
坐 zuò (乗り物に)乗る
上去 shàngqu 上がっていく

问 wèn 尋ねる
工作 gōngzuò 仕事をする
[量 詞]
双 shuāng
～足(2つで一組のもの)
楼 lóu ～階
[代名詞]
这么 zhème こんなに

[形容詞]
随便 suíbiàn 自由な
[助動詞]
可以 kěyǐ ～するとよい
[語 句]
下个月 xià ge yuè 来月
真的 zhēn de 本当に

59

练习题 liànxítí

一 请用汉语回答下列问题

1．Nǐ huì kāi chē ma?

2．Nǐ néng chī duōshao jiǎozi?

3．Jīnnián hánjià nǐ dǎsuàn qù nǎr?

二 把下面的日语翻译成汉语

1．私は学校へ行きたくありません。

2．明日、何をするつもりですか？

3．私は今、少し熱があるので、運転できません。

三 把下面的汉语翻译成日语

1．你可以帮我们照相吗？

2．我不会说日语，不能去日本公司工作。

3．今天我身体有点儿不舒服，想坐电梯上去。

四 听写

1．我不会（　　　　）。

2．你能（　　　　）五百米吗？

3．这儿可以（　　　　）吗？

4．你（　　　　）要多注意身体。

5．你想吃（　　　　）吗？

Dì jiǔ kè　Tā　huà　shuǐmòhuà　huàde　fēicháng　hǎo
第九课　她　画　水墨画　画得　非常　好

▶背诵例句 bèisòng lìjù ◀

Shānběn　jiǎng　Hànyǔ　jiǎngde　hěn　liúlì.
1 山本　讲　汉语　讲得　很　流利。

Xiǎo-Wú chàng　gē　chàngde　tèbié　hǎo.
2 小吴　唱　歌　唱得　特别　好。

Fùshìshān　bǐ　Tàishān　gāo.
3 富士山　比　泰山　高。

Zhōngguó　de　miànjī　bǐ　Rìběn　dà　duō　le.
4 中国　的　面积　比　日本　大　多　了。

Yīnwèi　wǒ　yào　mǎi　diànnǎo,　suǒyǐ　měitiā　dōu　děi dǎgōng.
5 因为　我　要　买　电脑，所以　每天　都　得　打工。

//词汇 1 cíhuì //

[名 詞]

水墨画	shuǐmòhuà	水墨画
吴	Wú	呉(中国人の姓)
张	Zhāng	張(中国人の姓)
面积	miànjī	面積
全能运动员		
	quánnéng yùndòngyuán	
		万能選手
画儿	huàr	絵
油画儿	yóuhuàr	油絵
肚子	dùzi	腹、おなか
妈妈	māma	母、お母さん
衣服	yīfu	服
一半儿	yíbànr	半分
幸福观	xìngfúguān	幸福観

[動 詞]

画	huà	描く
讲	jiǎng	話す
叫	jiào	鳴る
跑	pǎo	走る
没有	méiyou	～ほど…ない
放心	fàngxīn	安心する
信任	xìnrèn	信頼する

[形容詞]

流利	liúlì	流暢である
不行	bùxíng	だめである
差	chà	よくない、劣る
快	kuài	(スピードが)速い
饿	è	おなかがすいている
相反	xiāngfǎn	逆である
幸福	xìngfú	幸せである
一样	yíyàng	同じである

[副 詞]

相当	xiāngdāng	
		相当に、かなり
直	zhí	しきりに、ずっと
正	zhèng	ちょうど、まさに

[介 詞]

比	bǐ	～よりも

[代名詞]

每	měi	一つ一つ、どの～

[語 句]

唱歌	chàng gē	歌を歌う
～多了	~duō le	はるかに～
因为～所以…	yīnwèi~suǒyǐ…	
		～なので、だから…
做菜	zuò cài	料理を作る
～死了	~sǐ le	
		(好ましくないことが)き
		わめて～
虽然～但是…	suīrán~dànshì…	
		～ではあるけれども、しかし…
只要～就…	zhǐyào~jiù…	
		～でありさえすれば、それで…

[擬音語]

咕咕	gūgū	グーグー

61

语法 yǔfǎ

1　程度補語

　　動詞や形容詞に後ろから補足的に説明を加える語を「補語」という。補語には様々な形があるが、程度や状態を表すものを「程度補語」という。この場合、接続に"得"が必要となり、動詞 or 形容詞（…）＋"得"＋程度や状態を表す語など（〜）の語順で、「…するのが〜だ」「〜なほどに…だ」という意味になる。また、目的語も程度補語も共に動詞の後ろに置かれるが、両者が同時に用いられる場合、語順は（動詞）＋目的語＋動詞＋程度補語となって、同じ動詞を繰り返して用いる。なお、（　）の動詞は省略されるときがある。

イ）
Nǐ mèimei zuò cài zuòde hǎo ma?
你 妹妹 做 菜 做得 好 吗?

Bùxíng, tā cài zuòde xiāngdāng chà.
—不行, 她 菜 做得 相当 差。

ロ）
Nǐnen bān shéi pǎode kuài?
你们 班 谁 跑得 快?

Xiǎo-Lǐ pǎode zuì kuài. Tā shì quánnéng yùndòngyuán.
—小李 跑得 最 快。 他 是 全能 运动员。

ハ）
Nǐ è le ma?
你 饿 了 吗?

Wǒ è sǐ le. Ède wǒ dùzi zhí gūgū jiào.
—我 饿 死 了。 饿得 我 肚子 直 咕咕 叫。

2　程度補語の否定形と反復疑問文

　　程度補語の否定形や反復疑問文などは補語の部分で作る。

イ）
Xiǎo-Zhāng xiě zì xiěde hǎo bu hǎo?
小张 写 字 写得 好 不 好?

Tā xiěde hái xíng ba.
—她 写得 还 行 吧。

ロ）
Xiǎo-Chén huà yóuhuàr huàde zěnmeyàng?
小陈 画 油画儿 画得 怎么样?

Tā yóuhuàr huàde bú tài hǎo.
—他 油画儿 画得 不 太 好。

3 比較

比較表現は介詞"比"を用い、否定形には"没有"を用いる。

主語 + "比" / "没有" + 比較の対象 + 形容詞

　　　　Wǒ　gēge　bǐ　wǒ　gāo.
イ）我　哥哥　比　我　高。

　　　　Wǒ　gēge　méiyou　wǒ　gāo.
ロ）我　哥哥　没有　我　高。

※比較表現に程度の差が伴うときは形容詞の後ろに置く。

　　　　Wǒ　bàba　bǐ　wǒ　māma　dà　liǎng　suì.
ハ）我　爸爸　比　我　妈妈　大　两　岁。

　　　　Wǒ　jiā　zhèng　xiāngfǎn.
　—我　家　正　相反。

　　　　Zhèi　jiàn　yīfu　bǐ　nèi　jiàn　guì　duōshao　qián?
ニ）这　件　衣服　比　那　件　贵　多少　钱?

　　　　Guì　yíbànr.
　—贵　一半儿。

4 呼応関係を結ぶ表現

呼応関係を結ぶ表現としては、"因为～所以…"「～なので、だから…」、"虽然～但是…"「～ではあるけれども、しかし…」、"只要～就…"「～でありさえすれば、それで…」などがある。

　　　　Tā　suīrán　méiyou　dìwèi,　dànshì　guòde　hěn　xìngfú.
イ）他　虽然　没有　地位，　但是　过得　很　幸福。

　　　　Shì　a,　měi　ge　rén　de　xìngfúguān　dōu　shì　bù　yíyàng　de.
　—是　啊，　每　个　人　的　幸福观　都　是　不　一样　的。

　　　　Zhǐyào　nǐ　zài,　wǒ　jiù　fàngxīn　le.
ロ）只要　你　在，　我　就　放心　了。

　　　　Nín　néng　xìnrèn　wǒ,　wǒ　hěn　gāoxìng.
　—您　能　信任　我，　我　很　高兴。

63

对话 duìhuà

Ⅰ
Xītián jiǎng Hànyǔ jiǎngde zěnmeyàng?
西田 讲 汉语 讲得 怎么样？

① Jiǎngde tǐng hǎo de. Jiǎngde xiàng Zhōngguórén yíyàng.
讲得 挺 好 的。 讲得 像 中国人 一样。

② Jiǎngde bú tài hǎo. Kěshì tā Hànzì xiěde fēicháng hǎo.
讲得 不 太 好。 可是 他 汉字 写得 非常 好。

Ⅱ
Xiǎo-Wáng hé xiǎo-Chén, shéi de Rìyǔ jiǎngde hǎo?
小王 和 小陈， 谁 的 日语 讲得 好？

① Xiǎo-Chén bǐ xiǎo-Wáng jiǎngde hǎo yìdiǎnr.
小陈 比 小王 讲得 好 一点儿。

② Xiǎo-Wáng méiyǒu xiǎo-Chén jiǎngde nàme hǎo.
小王 没有 小陈 讲得 那么 好。

Ⅲ
Qǐngwèn, cóng zhèr qù Běijīngzhàn shì zuò dìtiě kuài,
请问， 从 这儿 去 北京站 是 坐 地铁 快，

háishi zuò chūzūchē kuài?
还是 坐 出租车 快？

① Yīnwèi xiànzài shì gāofēng shíjiān, suǒyǐ háishi dìtiě kuài.
因为 现在 是 高峰时间， 所以 还是 地铁 快。

② Dāngrán chūzūchē kuài la. Kěshì jiàqián guì yìdiǎnr.
当然 出租车 快 啦。 可是 价钱 贵 一点儿。

// 词汇2 cíhuì //

[名 詞]
汉字 Hànzì 漢字
王 Wáng 王(中国人の姓)
地铁 dìtiě 地下鉄
出租车 chūzūchē
　　　　　　タクシー
高峰时间 gāofēng shíjiān
　　　　　　ラッシュアワー

价钱 jiàqián 値段
[副 詞]
还是 háishi やはり
[代 詞]
那么 nàme そんなに
[助 詞]
啦 la （～だ）よ

[語 句]
挺～的 tǐng~de
　　　大変(かなり)～だ
(是)～,还是～ (shì)~, háishi~
　　　それとも～か
像～一样 xiàng~yíyàng
　　　(あなたも)～のようである

64

练习题 liànxítí

一 用汉语回答下列问题

1．Nǐ jiǎng Hànyǔ jiǎngde zěnmeyàng?

2．Lǎoshī bǐ nǐ gāo ma?

3．Nǐ jiā shéi xiě zì xiěde zuì hǎo?

二 把下面的日语翻译成汉语

1．あなたは歌を歌うのが上手ですか？

2．私は走るのが速くないですが、あなたは？

3．上海のカニは日本のよりずっと安い。

三 把下面的汉语翻译成日语

1．昨天我和我们学校的留学生一起去了卡拉 OK 厅，我唱得最差。

2．你汉语比他讲得好多了，但英语没有他讲得好。

3．因为他是运动员，所以跑得特别快。

四 听写

1．那个日本人讲汉语讲得非常（　　　　　）。

2．你（　　　　　）她高多了。

3．我朋友画（　　　　　）画得特别好。

4．中国的电脑（　　　　　）日本贵。

5．因为我没有钱，所以每天都得（　　　　　）。

65

//// 补充词汇3 bǔchōng cíhuì ////

①対話してみよう
70

A 你 买（　　）了 吗?
B —— 买了。
B —— 没买。

运动鞋	yùndòngxié		牛仔裤	niúzǎikù	ジーンズ	车票	chēpiào	乗車券

运动鞋　yùndòngxié
　　　　スポーツシューズ
T 恤衫　Txùshān　Tシャツ

牛仔裤　niúzǎikù　ジーンズ
杯面　bēimiàn　カップラーメン
电池　diànchí　　電池

车票　chēpiào　　乗車券
门票　ménpiào　　入場券

②行き先を言ってみよう
71

・吃 了 饭，我们 就 去（　　）。

百货商店　bǎihuò shāngdiàn
　　　　　　　　　百貨店
茶馆　cháguǎn　中国式喫茶店

咖啡店　kāfēidiàn
　　　　　コーヒーショップ
公园　gōngyuán　公園

书店　shūdiàn　　書店

[参考] 3
72

「結婚の言葉」

求婚　qiúhūn
　　　プロポーズする
婚纱　hūnshā
　　　ウェディングドレス

旗袍　qípáo　　チャイナドレス
喜宴　xǐyàn　　結婚披露宴
喜糖　xǐtáng　　結婚の祝い飴
红包　hóngbāo　祝儀

相亲　xiāngqīn　見合いをする
新郎　xīnláng　新郎
新娘　xīnniáng　新婦

③対話してみよう
73

A 你 会（　　）吗?
B —— 会。
B —— 不会。

「スポーツ・趣味」

踢足球　tī zúqiú
　　　　サッカーをする
打乒乓球　dǎ pīngpāngqiú
　　　　　卓球をする
打网球　dǎ wǎngqiú
　　　　テニスをする

打篮球　dǎ lánqiú
　　　　バスケットボールをする
打羽毛球　dǎ yǔmáoqiú
　　　　　バドミントンをする
打麻将　dǎ májiàng
　　　　マージャンをする

下象棋　xià xiàngqí
　　　　　将棋を指す
打太极拳　dǎ tàijíquán
　　　　　太極拳をする
弹钢琴　tán gāngqín
　　　　　ピアノを弾く

66

④対話してみよう
74

　　A　你　想　吃　什么?
　　B　——　我　想　吃　（　　　）。

「料理名」

担担面　dàndànmiàn
　　　　　タンタン麺
麻婆豆腐　mápó dòufu
　　　　　マーボー豆腐
青椒肉丝　qīngjiāo ròusī
　　　　　チンジャオロース

宫保鸡丁　gōngbǎo jīdīng
　　　　　鶏肉の細切り辛味あんかけ
牛排　niúpái　ビーフステーキ
炒饭　chǎofàn
　　　　　焼き飯、チャーハン
炒面　chǎomiàn　焼きソバ

意大利面　Yìdàlìmiàn
　　　　　スパゲッティ
蛋糕　dàngāo　ケーキ
布丁　bùdīng　プリン

[参考] 4
75

「飲食店にて」

菜单　càidān　メニュー
点菜　diǎn cài　料理を注文する
套餐　tàocān　定食
点心　diǎnxin　おやつ、お菓子

小菜　xiǎocài　小鉢のおかず
买单　mǎidān　勘定する
自助餐　zìzhùcān　バイキング
素食　sùshí　　精進料理

小吃摊　xiǎochītān　料理の屋台
夜市　yèshì　　夜市
饮料　yǐnliào　　のみもの

⑤比べてみよう
76

　　・（　　　）　比　（　　　）〈　　　〉。

老鼠　lǎoshǔ　　　ネズミ
猫　māo　　　　　猫
〈大 dà ／ 小 xiǎo〉

长颈鹿　chángjǐnglù　キリン
马　mǎ　　　　　　ウマ
〈高 gāo ／ 矮 ǎi〉

狮子　shīzi　　　ライオン
大象　dàxiàng　　象
〈重 zhòng ／ 轻 qīng〉

[参考] 5
77

「乗り物」

单轨铁路　dānguǐ tiělù
　　　　　モノレール
摩天轮　mótiānlún　観覧車
索道　suǒdào　ロープウェイ

帆船　fānchuán　　ヨット
高铁　gāotiě　　高速鉄道
赛格威　sàigéwēi　セグウェイ
电轮椅　diànlúnyǐ　電動車椅子

磁浮　cífú
　　　　　リニアモーターカー
公交车　gōngjiāochē　市内バス

Dì shí kè　Wǒ　yǐjīng　gēn　tā　shuōhǎo　le.
第十课　我　已经　跟　他　说好　了。

▶背诵例句 bèisòng lìjù ◀

Wǎnfàn　zuòhǎo　le　ma?
1 晚饭　做好　了　吗?

Nèi　běn　xiǎoshuō　wǒ　hái　méi　kànwán.
2 那　本　小说　我　还　没　看完。

Zhème　duō　de　cài　wǒ　yí　ge　rén　chībuliǎo.
3 这么　多　的　菜　我　一　个　人　吃不了。

Wǒ　bǎ　nǐ　de　kùzi　xǐgānjìng　le.
4 我　把　你　的　裤子　洗干净　了。

Wǒ　zuótiān　fùxíle　liǎng　ge　xiǎoshí　gōngkè.
5 我　昨天　复习了　两　个　小时　功课。

// 词汇 1 cíhuì //

[名 詞]			擦	cā	拭く	[量 詞]		
晚饭	wǎnfàn	夕食	拿	ná	持つ	顿	dùn	〜回(食事)
裤子	kùzi	ズボン	爱	ài	愛する	次	cì	〜回
门	mén	ドア、門	猜	cāi	言い当てる	[介 詞]		
晚上	wǎnshang	夜	找	zhǎo	搜す	把	bǎ	〜を
录音	lùyīn	録音された音声	办	bàn	する、やる	[語 句]		
耳朵	ěrduo	耳	赶	gǎn	追う、急ぐ、間に合わ	一个人	yí ge rén	一人
急事	jíshì	急用			せる	吃不了	chībuliǎo	食べ切れない
[動 詞]			[形容詞]					
做	zuò	作る	干净	gānjìng	(汚れがなくて)			
完	wán	終わる			きれいである			
洗	xǐ	洗う	疼	téng	痛い			

语法 yǔfǎ

1 結果補語

動詞の直後に動詞や形容詞を置いて、行われた動作の結果や落着した状態を表し、これを「結果補語」という。訳しかたはさまざまで、主なものとしては次のようなものがある。

a)　"……好"（充分な状態になる）　　b)　"……完"（数量が尽きる、完了・終了する）

　　chīhǎo　　náhǎo　　mǎihǎo　　　　　chīwán　　xiěwán　　bànwán　　màiwán
　　吃好　　　拿好　　　买好　　　　　　吃完　　　写完　　　办完　　　卖完

c)　"……见"（知覚的にとらえる）　　d)　"……上"（一方が対象に及ぶ）

　　tīngjiàn　　kànjiàn　　　　　　　　guānshang　àishang　gǎnshang
　　听见　　　　看见　　　　　　　　　　关上　　　　爱上　　　赶上

e)　"……到"（たどり着く、達成する）

　　cāidào　　mǎidào　　zhǎodào
　　猜到　　　买到　　　找到

2 結果補語の否定形

結果補語の否定形は結果の否定、つまり「その状態にない」という意味なので完了の否定と同じく"没"を用いる。

　　méi chīwán　　　　méi tīngjiàn　　　　méi bànhǎo　　　　méi gǎnshang
a)　没　吃完　　b)　没　听见　　c)　没　办好　　d)　没　赶上

3 可能補語 ①

動詞と結果補語との間に"得"を置いて可能、"不"を置いて不可能の表現になる。これを「可能補語」という。

④ **処置式「把」**

　"把"は目的語を動詞の前に持ってくるときに用いる。"把〜"は「〜を」という日本語に相当する。この場合、動詞の部分は完了、結果補語、重ね型（「ちょっと〜する」）などが用いられる。また否定詞は"把"の前に置かれる。

　　　　Nǐ　bǎ　zhuōzi　cā　yi　cā.
イ）你　把　桌子　擦　一　擦。

　　　　Nǐ　bǎ　mén　guānshang　ba.
ロ）你　把　门　关上　吧。

　　　　Wǒ　méi　bǎ　zuòyè　zuòwán.
ハ）我　没　把　作业　做完。

⑤ **動量補語**

　動作の回数や時間幅を表す語を動量という。この動量は動詞に後接されて動量補語となる。語順は 動詞 ＋ 動量 が原則で、目的語があるときは 動詞 ＋ 動量 ＋ 目的語 の順に並ぶ。

　　　　Nǐ　yì　tiān　chī　jǐ　dùn　fàn?
イ）你　一　天　吃　几　顿　饭？

　　　　　Chī　liǎng　dùn.
　　―吃　两　顿。

　　　Zuótiān　wǎnshang　wǒ　tīngle　liǎng　ge　xiǎoshí　lùyīn.
ロ）昨天　晚上　我　听了　两　个　小时　录音。

　　　　　Nǐ　ěrduo　bù　téng　ma?
　　―你　耳朵　不　疼　吗？

※ただし、目的語が代名詞である場合は、語順は入れ替わって、 動詞 ＋ 目的語 ＋ 動量 となる。

　　　Tā　jīntiān　lái　zhǎole　nǐ　sān　cì.
ハ）她　今天　来　找了　你　三　次。

　　　　Tā　yǒu　jíshì　ma?
　　―她　有　急事　吗？

对话 duìhuà

I Míngtiān yǒu kǎoshì, nǐ dōu fùxíhǎo le ma?
明天 有 考试, 你 都 复习好 了 吗?

① Méi wèntí, wǒ dōu fùxíhǎo le.
没 问题, 我 都 复习好 了。

② Shì míngtiān kǎo ma? Wǒ dōu wàng le, gēnběn méi fùxí.
是 明天 考 吗? 我 都 忘 了, 根本 没 复习。

II Zhèi xiàng gōngzuò nǐ néng gàndeliǎo ma?
这 项 工作 你 能 干得了 吗?

① Gàndeliǎo. Zhǐyào sān ge xiǎoshí jiù néng gànwán.
干得了。 只要 三 个 小时 就 能 干完。

② Gànbuliǎo yě děi gàn na.
干不了 也 得 干 呐。

III Nǐ zuótiān wǎnshang kànle jǐ ge xiǎoshí diànshì?
你 昨天 晚上 看了 几 个 小时 电视?

① Wǒ dàyuē kànle sān ge xiǎoshí.
我 大约 看了 三 个 小时。

② Wǒ cónglái dōu bú kàn diànshì.
我 从来 都 不 看 电视。

词汇2 cíhuì

[名 詞]
考试 kǎoshì 試験

[動 詞]
忘 wàng 忘れる

[副 詞]
都 dōu すっかり
从来 cónglái 今まで
根本 gēnběn 全く

[量 詞]
项 xiàng ～件(任務・仕事のまとまり)

[形容詞]
晚 wǎn (時間が)遅い

[助動詞]
要 yào ～するつもりである、
～することになっている

[語 句]
没问题 méi wèntí 問題ない、大丈夫
干得了 gàndeliǎo できる
干不了 gànbuliǎo できない

71

练习题 liànxítí

一　用汉语回答下列问题

1．Nǐ yì tiān xuéxí jǐ ge xiǎoshí?

2．Nǐ yí ge xīngqī lái jǐ cì xuéxiào?

3．Nǐ yì tiān chī jǐ dùn fàn?

二　把下面的日语翻译成汉语

1．私はまだ昨日の宿題をやり終えていません。

2．昨夜、私は2時間歌を歌いました。

3．こんなにたくさんのビール、私たちは飲み切ることができないでしょう。

三　把下面的汉语翻译成日语

1．因为我近来太忙，所以还没看完那本中文杂志。

2．我们学校的考试已经考完了，你们还没考吗？太晚了！

3．下午我的对象要来我家，你快把桌子擦干净。

四　听写

1．你把功课（　　　　　）了吗？

2．我昨天看了（　　　　　）小说。

3．你把裤子（　　　　　）了吗？

4．（　　　　　）做好了没有？

5．这么多的菜我（　　　　　）。

Dì shíyī kè　Wǒ　qùguo　Héngbīn　de　Zhōnghuájiē
第 十一 课　我　去过　横滨　的　中华街

▶背诵例句 bèisòng lìjù ◀

Nǐ　zuòguo　fēijī　ma?
1 你　坐过　飞机　吗?

Wǒ　chīguo　liǎng　cì　yángròuchuànr.
2 我　吃过　两　次　羊肉串儿。

Tā　huànle　gōngzuòfú,　jiù　mǎshàng　huí　jiā　qù　le.
3 他　换了　工作服，　就　马上　回　家　去　了。

Tā　cóng　dōurli　náchūlai　le　yí　kuài　shǒujuànr.
4 她　从　兜儿里　拿出来　了　一　块　手绢儿。

Zhèi　tiáo　lù　hěn　zhǎi,　chē　kāibujìnqu.
5 这　条　路　很　窄，　车　开不进去。

// 词汇 1 cíhuì //

[名 詞]

横滨　Héngbīn　横浜
中华街　Zhōnghuájiē　中華街
飞机　fēijī　　飛行機
羊肉串儿　yángròuchuànr
　　　　　　シシ・カバブ
工作服　gōngzuòfú　作業服
兜儿　dōur　　ポケット
手绢儿　shǒujuànr ハンカチ
路　lù　　　道
生鱼片　shēngyúpiàn　刺身
北京烤鸭　Běijīng kǎoyā
　　　　　　北京ダック
西瓜　xīguā　　スイカ

教室　jiàoshì　　教室
[動 詞]
换　huàn　　替える
滑雪　huáxuě　スキーをする
见　jiàn　　会う
[形容詞]
窄　zhǎi　　狭い
饱　bǎo　　満腹である
[副 詞]
马上　mǎshàng ただちに
才　cái　やっと、ようやく
[助 詞]
~过　guo~したことがある

[量 詞]
块　kuài　　~枚(ハンカチ)
条　tiáo　　~本(細くて長いもの)
[語 句]
~进去　~jìnqu
　　　　(~して)入って行く
什么时候　shénme shíhou
　　　　　　　　　いつ
~进来　~jìnlai
　　　　(~して)入って来る
~过来　~guòlai
　　　　(~して)やって来る
再也~　zài yě~
　　　　これ以上はもう~

73

语法 yǔfǎ

1 「过」の使い方

　　動詞（〜）+"过"の語順で「〜したことがある」という経験相の表現を作ることができ。
否定形「〜したことがない」は、"没（没有）" + 動詞（〜）+ "过"の語順となる。

イ）
　　Nǐ　chīguo shēngyúpiàn ma?
　　你　吃过　生鱼片　吗?

　　Méi　chīguo.
　　— 没　吃过。

ロ）
　　Nǐ　huáguo　xuě méiyou?
　　你　滑过　雪　没有?

　　Huáguo, dànshì　huáde　bù　hǎo.
　　— 滑过，　但是　滑得　不　好。

2 数量補語の位置

　　経験相の 動詞 + "过" の後に動量と目的語を同時に置く場合は 動詞 + "过" + 動量詞 +
目的語 の語順となる。しかし、目的語が代名詞の場合は目的語が動量の前に置かれる。

イ）
　　Tā　láiguo　yí　cì　Rìběn,　nǐ　láiguo　jǐ　cì?
　　他　来过　一　次　日本，　你　来过　几　次?

　　Wǒ　láiguo liǎng　cì.
　　— 我　来过　两　次。

ロ）
　　Wǒ chīguo sān　cì Běijīng kǎoyā,　nǐ　chīguo　ma?
　　我　吃过　三　次　北京　烤鸭，　你　吃过　吗?

　　Wǒ　méi　chīguo.
　　— 我　没　吃过。

ハ）
　　Wǒ　láiguo　zhèr liǎng　cì,　nǐ　láiguo　méiyou?
　　我　来过　这儿　两　次，　你　来过　没有?

　　Wǒ　yě　láiguo liǎng　cì.
　　— 我　也　来过　两　次。

ニ）
　　Tā　jiànguo　nǐ　yí　cì.
　　她　见过　你　一　次。

　　Shénme shíhou,　zài　nǎr?
　　— 什么　时候，　在　哪儿?

74

③ 方向補語

動詞に後接して、動作が行われる方向を示す語を方向補語という。一字だけの方向補語を単純方向補語といい、その最も基本的なものは"来"と"去"。"～来"は近づき、高まり、明らかになる様を表し、"～去"は遠ざかり、弱まり、続いていく様を表す。この結合が目的語をとると、一般に"来""去"の前に置かれる。

イ）
Nǐ dài yǔsǎn lái le ma?
你 带 雨伞 来 了 吗?

Wǒ méi dài yǔsǎn lái.
—我 没 带 雨伞 来。

ロ）
Nǐ shénme shíhou huí Rìběn qù?
你 什么 时候 回 日本 去?

Wǒ jīnnián bù huíqu.
—我 今年 不 回去。

④ 単純方向補語と複合方向補語

動詞に後接される方向補語は一字だけではなく二字構成のものもある。これを複合方向補語という。代表的な組み合わせには以下のようなものがある。

Ⓑ ＼ Ⓐ	shàng 上	xià 下	jìn 进	chū 出	huí 回	guò 过	qǐ 起
来	上来	下来	进来	出来	回来	过来	起来
去	上去	下去	进去	出去	回去	过去	

※動詞と複合補語との間に目的語が入る場合も、一般に"来"や"去"の前に置かれる。

イ）
Mèimei mǎihuí yí ge dà xīguā lái le.
妹妹 买回 一 个 大 西瓜 来 了。

Mèimei mǎihuílái le yí ge dà xīguā.
／妹妹 买回来 了 一 个 大 西瓜。

ロ）
Xuéshengmen zǒujìn jiàoshì qù le.
学生们 走进 教室 去 了。

⑤ 可能補語②

動詞と方向補語の間に"得"や"不"を置いて、可能補語を作ることができる。

イ）
Wǒ jīntiān wǎnshang bā diǎn huíbulái, jiǔ diǎn cái néng huídelái.
我 今天 晚上 八 点 回不来, 九 点 才 能 回得来。

Nà, míngtiān wǒ zài lái ba.
—那, 明天 我 再 来 吧。

ロ）
Nǐ zài chī diǎnr ba.
你 再 吃 点儿 吧。

Bùxíng. Wǒ yǐjīng chībǎo le, zài yě chībuxià le.
—不行。 我 已经 吃饱 了, 再 也 吃不下 了。

75

对话 duìhuà

I
Nǐ kànguo Zhōngguó diànyǐng ma?
你 看过 中国 电影 吗?

① Méi kànguo. Zài Rìběn néng kàndedào ma?
没 看过。 在 日本 能 看得到 吗?

② Kànguo hǎo jǐ cì le. Wǒ hěn xǐhuan kàn Zhōngguó diànyǐng.
看过 好 几 次 了。我 很 喜欢 看 中国 电影。

II
Nǐ jīntiān dài míngpiàn lái le ma?
你 今天 带 名片 来 了 吗?

① Duìbuqǐ, wǒ méi dàilai.
对不起, 我 没 带来。

② Dàilai le, kěshì míngpiànshang méi xiě wǒ jiā de dìzhǐ.
带来 了, 可是 名片上 没 写 我 家 的 地址。

III
Tīngshuō nǐ érzi kǎoshàng dàxué le, shì ma?
听说 你 儿子 考上 大学 了, 是 吗?

① Shì a, kǎole sān cì cái kǎoshàng.
是 啊, 考了 三 次 才 考上。

② Duì, kǎoshàng shì kǎoshàng le, kěshì xuéfèi tài guì.
对, 考上 是 考上 了, 可是 学费 太 贵。

// 词汇 2 cíhuì //

[名 詞]
名片 míngpiàn 名刺
地址 dìzhǐ 住所

[動 詞]
喜欢 xǐhuan 〜が好き
听说 tīngshuō 聞くところによ
れば、〜だそう
だ

[語 句]
好几次 hǎo jǐ cì 何度も
考上 kǎoshàng 合格する

练习题 liànxítí

一　用汉语回答下列问题

1．Nǐ qùguo Zhōngguó ma?

2．Nǐ jīntiān dài Hànyǔ cídiǎn lái le ma?

3．Nǐ huáguo jǐ cì xuě?

二　把下面的日语翻译成汉语

1．彼女はご飯を食べたらすぐに大学に戻って行きました。

2．私はおなかがもういっぱいになって、これ以上もう食べられません。

3．北京ダックは何度も食べたことがありますが、また食べたいです。

三　把下面的汉语翻译成日语

1．我结过三次婚，可是都不幸福。

2．我在日本吃过好几次生鱼片。

3．日本能吃得到羊肉串儿吗?

四　听写

1．我吃过（　　　　　）。

2．你坐过几次（　　　　　）?

3．他（　　　　　）了衣服，就跑出去了。

4．他们都（　　　　　）了一本中文书。

5．中华街很窄，车（　　　　　）。

Dì shí'èr kè　Wǒ xiǎng sòng nǐ yì duǒ méiguihuā
第 十二 课　我 想 送 你 一 朵 玫瑰花

▶背诵例句 bèisòng lìjù ◀

Wǒ māma hé wǒ mèimei zhèngzài zhǔnbèi wǎnfàn ne.
1 我 妈妈 和 我 妹妹 正在 准备 晚饭 呢。

Mén kāizhe ne, zánmen jìnqu kànkan ba.
2 门 开着 呢， 咱们 进去 看看 吧。

Cóng zhèr zǒuzhe qù de huà, děi duō cháng shíjiān?
3 从 这儿 走着 去 的 话， 得 多 长 时间？

Yào xià yǔ le, wǒmen zǎo diǎnr huíqu ba.
4 要 下 雨 了， 我们 早 点儿 回去 吧。

Wǒ gěi nǐ yì zhāng diànyǐngpiào, nǐ qù kàn ba.
5 我 给 你 一 张 电影票， 你 去 看 吧。

// 词汇 1 cíhuì //

[名　詞]
玫瑰花　méiguihuā　バラの花
窗户　chuānghu　窓
商店　shāngdiàn　商店
行李　xíngli　（旅行などの）荷物
老家　lǎojiā　実家
礼物　lǐwù　贈物

[動　詞]
送　sòng　（～に、～を）贈る、プレゼントする
准备　zhǔnbèi　準備する
开　kāi　開く
进去　jìnqu　入って行く
得　děi　要する、かかる
等　děng　待つ

给　gěi　（～に、～を）与える
站　zhàn　立つ
讲课　jiǎngkè　授業をする
坐　zuò　腰かける、座る
睡觉　shuìjiào　眠る
收拾　shōushi　片付ける
教　jiāo　教える

[形容詞]
糟糕　zāogāo　たいへんである

[副　詞]
正在　zhèngzài　ちょうど～している
刚　gāng　たった今～したばかり

[量　詞]
朵　duǒ　～本(花)
家　jiā　～軒(家・店)
一下　yíxià　ちょっと(動作)

[助　詞]
着　zhe　（～して）いる
（～し）ながら…する

[語　句]
～的话　～de huà　～ならば
要～了　yào～le　もうすぐ～する
不见了　bújiàn le　見当たらなくなった

[感嘆詞]
呦　yōu　おや、まあ

语法 yǔfǎ

1 **進行の表現**

動作が今まさしく行われていることを示す進行表現は動詞の前に "在" を置いて表す。その他、同様に "正" "正在" を用いることもでき、しばしば文末に "呢" を置く。また、文末の "呢" だけでも進行表現となる。否定形は完了の否定と同じく 没（or 没有）+ 動詞 となる。

    chī fàn   zài chī fàn   chī fàn ne
イ）吃 饭   ロ）在 吃 饭   ハ）吃 饭 呢

  zhèngzài chī fàn   méi méiyou chī fàn
ニ）正在 吃 饭   ホ）没（没有）吃 饭

2 **持続の表現**

動詞に "着" を後接して "～着" となると、状態や動作の持続を示す表現「～してある」「～している」という意味になる。否定形は 没（没有）+ 動詞 + 着 となる。

  Chuānghu kāizhe ma?
イ）窗户 开着 吗?

   Méi kāizhe.
 — 没 开着。

  Nǐ māma zài jiā děngzhe nǐ ne, nǐ kuài huí jiā qù ba.
ロ）你 妈妈 在 家 等着 你 呢，你 快 回 家 去 吧。

   Zěnme le? Yǒu shénme jíshì ma?
 — 怎么 了? 有 什么 急事 吗?

3 **方法・手段を表す表現**

動詞 + 着 の後ろにもう一つ動詞が来ると、二つの動作を同時に行う「～しながら…する」という表現になるものと、方法手段を表して「～して…する」となるものとがある。

  Lǎoshī zhànzhe jiǎngkè, xuéshēngmen zuòzhe tīngkè.
イ）老师 站着 讲课，学生们 坐着 听课。

   Yǒude xuésheng zuòzhe shuìjiào ne.
 — 有的 学生 坐着 睡觉 呢。

  Nèi jiā shāngdiàn bú tài yuǎn, wǒmen zǒuzhe qù ba.
ロ）那 家 商店 不 太 远，我们 走着 去 吧。

   Zhēn de bù yuǎn ma?
 — 真 的 不 远 吗?

4 「要～了」の使い方

"要～了"は今にもそれをしようとしていることを表す。"快（要）～了""就（要）～了"でもほぼ同様の意味となる。

Huǒchē kuàiyào dào Běijīngzhàn le,　nǐ　bǎ　xíngli shōushi yíxià　ba.
イ）火车　快要　到　北京站　了，你　把　行李　收拾　一下　吧。

Zāogāo,　wǒ　de　xíngli bújiàn　le.
——糟糕，　我　的　行李　不见　了。

Chūnjié kuài dào　le,　nǐ　dǎsuàn huí　lǎojiā　ma?
ロ）春节　快　到　了，你　打算　回　老家　吗？

Wǒ gāng cóng　Zhōngguó huílai,　bù　huíqu　le.
——我　刚　从　中国　回来，不　回去　了。

5 二重目的語

一部の動詞は目的語を二つとることがある。この場合、必ず 動詞 ＋ 人 ＋ 事物 の語順をとる。

Shéi jiāo nǐmen　Hànyǔ?
イ）谁　教　你们　汉语？

Lǐ　lǎoshī jiāo wǒmen Hànyǔ.
——李　老师　教　我们　汉语。

Wǒ sòng nǐ　yí　ge　lǐwù.
ロ）我　送　你　一　个　礼物。

Yōu,　zhème piàoliang de　lǐwù,　tài　xièxie　nǐ　le.
——呦，　这么　漂亮　的　礼物，太　谢谢　你　了。

80

对话 duìhuà

（90）

I
Nǐ jiějie zài gàn shénme ne?
你 姐姐 在 干 什么 呢？

① Tā zhèngzài gēn nánpéngyou liáotiānr ne.
她 正在 跟 男朋友 聊天儿 呢。

② Tā zài tǎngzhe kàn DVD ne.
她 在 躺着 看 DVD 呢。

II
Kuàiyào bìyè le, bìyè yǐhòu nǐmen dǎsuàn gàn shénme?
快要 毕业 了，毕业 以后 你们 打算 干 什么？

① Wǒ huí lǎojiā bāng wǒ fùqin zuò mǎimai.
我 回 老家 帮 我 父亲 做 买卖。

② Wǒ bìbuliǎo yè le, liújí le.
我 毕不了 业 了，留级 了。

III
Shéi jiāo nǐmen Hànyǔ ne?
谁 教 你们 汉语 呢？

① Wáng lǎoshī. Tā yāoqiúde tèbié yán.
王 老师。 他 要求得 特别 严。

② Wǒmen zìjǐ tīng guǎngbō zìxué ne.
我们 自己 听 广播 自学 呢。

词汇 2 cíhuì

（91）

[名 詞]

男朋友 nánpéngyou　　ボーイフレンド

以后 yǐhòu　以後

买卖 mǎimai　商売

自己 zìjǐ　自分

[動 詞]

聊天儿 liáotiānr　おしゃべりをする

躺 tǎng　横になる

留级 liújí　留年する

要求 yāoqiú　要求する

自学 zìxué　独学する

[形容詞]

严 yán　厳しい

81

练习题 liànxítí

一　用汉语回答下列问题

1．Nǐ gàn shénme ne?

2．Bìyè yǐhòu, nǐ dǎsuàn gàn shénme?

3．Shéi jiāo nǐmen Hànyǔ ne?

二　把下面的日语翻译成汉语

1．あなたのガールフレンドがあなたを探していますよ。

2．兄が私に映画のチケットを一枚くれました。

3．お宅から大学へは歩いて行くと、どのくらい時間がかかりますか？

三　把下面的汉语翻译成日语

1．王老师正在办公室等着你呢，你快去吧。

2．你不能站着吃饭。

3．要吃饭了，你把桌子上的书收拾一下。

四　听写

1．我家离这儿很近，（　　　　　）去吧。

2．要（　　　　　）了，我想早点儿回去。

3．我（　　　　）准备行李呢。

4．他送了我一朵（　　　　　）。

5．商店门还（　　　　　）呢，咱们进去看看吧。

/// 补充词汇4 bǔchōng cíhuì ///

▶ 93
① できあがったか尋ねてみよう
・（　　）做好了 吗?

| 早饭 zǎofàn | 朝ごはん | 作业 zuòyè | 宿題 | 资料 zīliào | 書類・資料 |
| 午饭 wǔfàn | 昼ごはん | 衣服 yīfu | 服 | | |

▶ 94
② 対話してみよう
　　A 你（　　）过〈　　〉吗?
　　B —— 我（　　）过。
　　B —— 我 没（　　）过。

拉〈二胡〉 lā ‹èrhú›　　　　爬〈长城〉 pá ‹Chángchéng›　　看〈京剧〉 kàn ‹Jīngjù›
　　　　二胡(を弾く)　　　　　　万里の長城(に登る)　　　　　　　　　京劇(を観る)
听〈中国音乐〉　　　　　　包〈饺子〉 bāo ‹jiǎozi›
tīng ‹Zhōngguó yīnyuè›　　　　　　餃子(を作る)
　　中国音楽(を聴く)

▶ 95
③ 行ったことがある場所を言ってみよう
・你 去过（　　）吗?

天安门 Tiān'ānmén　　　　少林寺 Shàolínsì (河南)少林寺　　西安 Xī'ān 　(陕西)西安
　　　　(北京)天安　　　　泰山 Tàishān　　(山东)泰山　　乌鲁木齐 Wūlǔmùqí
豫园 Yùyuán　　(上海)豫園　　黄山 Huángshān (安徽)黄山　　　　　(新疆)ウルムチ
石林 Shílín　　(雲南)石林　　九寨沟 Jiǔzhàigōu
武当山 Wǔdāngshān　　　　　　　　　　(四川)九寨溝
　　(湖北)武当山

▶ 96
④ 今していることを言ってみよう
・他 正在（　　）呢。

打扫 房间 dǎsǎo fángjiān　　　理发 lǐfà　　　散髪する　　看 漫画 kàn mànhuà
　　　　部屋を掃除する　　穿 衣服 chuān yīfu 服を着る　　　　　　　マンガを読む
听 报告 tīng bàogào　　　　上网 shàngwǎng　　　　　接待 客人 jiēdài kèrén
　　　報告を聞く　　　　インターネットにアクセスする　　　　　　接客する

▶ 97
⑤ プレゼントを上げよう
・我 送 你 一〈　　〉（　　）。

〈个 ge〉 纪念品 jìniànpǐn　　　〈架 jià〉 照相机 zhàoxiàngjī　　〈本 běn〉 诗集 shījí　　詩集
　　　　　　記念品　　　　　　　　　　カメラ　　　　〈块 kuài〉 蛋糕 dàngāo　ケーキ
　　　　　　　　　　　　　　　　　　　　　　　　　　〈支 zhī〉 钢笔 gāngbǐ　万年筆

83

Dì shísān kè　Wǒ　māma　ràng　wǒ　gěi　nǐ　dǎ　diànhuà

第 十三 课　我　妈妈　让　我　给　你　打　电话

▶背诵例句 bèisòng lìjù ◀

Ràng　nǐ　jiǔ　děng　le,　shízài　duìbuqǐ.
1 让 你 久 等 了, 实在 对不起。

Hǎojiǔ　méi　jiàn　le,　nǐ　shì　shénme　shíhou　huílai　de?
2 好久 没 见 了, 你 是 什么 时候 回来 的?

Wǒ　shì　gāng　cóng　Shànghǎi　huí　de　Rìběn.
3 我 是 刚 从 上海 回 的 日本。

Jīnwǎn　nǐ　gěi　wǒ　dǎ　ge　diànhuà,　hǎo　bu　hǎo?
4 今晚 你 给 我 打 个 电话, 好 不 好?

Zhèi　ge　shūbāo　yòu　piányi　yòu　hǎokàn.
5 这 个 书包 又 便宜 又 好看。

// 词汇 1 cíhuì //

[名 詞]		
今晚	jīnwǎn	今夜
书包	shūbāo	カバン(学校用)
鲁迅	Lǔ Xùn	鲁迅
北大	Běi Dà	北京大学
最近	zuìjìn	近頃
笔友	bǐyǒu	ペンフレンド
回信	huíxìn	返信
德语	Déyǔ	ドイツ語

[動 詞]		
让	ràng	(…に)〜させる
旅游	lǚyóu	観光旅行をする

叫　jiào　　　　(…に)〜させる

[副 詞]		
实在	shízài	本当に

[形容詞]		
久	jiǔ	(時間が)長い、久しい
好看	hǎokàn	きれい
着急	zháojí	焦る
没用	méiyòng	役に立たない、無駄である
香	xiāng	香りがよい
甜	tián	甘い
厉害	lìhai	すごい

[介 詞]		
给	gěi	〜に、〜のために

[語 句]		
打电话	dǎ diànhuà	電話をかける
好久	hǎo jiǔ	長い間
又〜又…	yòu〜yòu…	〜でもあり、…でもある
为什么	wèi shénme	なぜ、どうして

84

语法 yǔfǎ

1 使役表現

使役表現「…に～させる」は一般に"让""叫""使"などの使役動詞が用いられる。この場合、主語 + 使役動詞 + 動詞対象となる人物など + 動詞の語順をとる。否定形「～させない」は使役動詞を否定して"不" + 使役動詞となる。

Diànyǐngpiào nǐ zìjǐ qù mǎi ma?
イ）电影票 你 自己 去 买 吗？

　　　Bù, wǒ jiào wǒ dìdi qù mǎi.
　　 —不，我 叫 我 弟弟 去 买。

Wǒ bàba bú ràng wǒ qù lǚyóu.
ロ）我 爸爸 不 让 我 去 旅游。

　　　Wèi shénme bú ràng nǐ qù?
　　 —为 什么 不 让 你 去？

2 「(是)～的」の使い方

"(是)～的"の構文は、時・場所・主体・方法などを強調して、物事がすでに済んだことを表現するのに用いられ、「～したのです」と訳される。否定形は"不是～的。"となり、疑問形は"是～的吗？"などが用いられる。

Zhèi běn xiǎoshuō shì shéi xiě de?
イ）这 本 小说 是 谁 写 的？

　　　Shì Lǔ Xùn xiě de.
　　 —是 鲁 迅 写 的。

Zhèi ge zuòyè shì nǐ zìjǐ zuò de ma?
ロ）这 个 作业 是 你 自己 做 的 吗？

　　　Bú shì, shì wǒ māma bāng wǒ zuò de.
　　 —不 是，是 我 妈妈 帮 我 做 的。

※ "(是)～的"の構文内の動詞が目的語をとる場合、目的語は"的"の後に来る。

Tā shì zài Běi Dà xué de Hànyǔ.
ハ）她 是 在 北 大 学 的 汉语。

3 介詞「给」

"给"は動詞以外に介詞（前置詞）としての用法があり、動作の向けられる対象を示す。"给" + 人物・事物（～）+ 動詞（…）の語順で、「～に…する」「～のために…してあげる（してくれる）」の意味になる。

イ）
Wǒ bàba gěi wǒ mǎile yí liàng zìxíngchē.
我 爸爸 给 我 买了 一 辆 自行车。

Duōshao qián?
— 多少 钱？

ロ）
Zuìjìn, bǐyǒu yìzhí méi gěi wǒ xiě huíxìn, wǒ hěn zháojí.
最近， 笔友 一直 没 给 我 写 回信， 我 很 着急。

Zháojí yě méiyòng, nǐ zài děng liǎng tiān ba.
— 着急 也 没用， 你 再 等 两 天 吧。

4 「又～又…」の使い方

一つの人物・事物がもつ特徴を列挙するとき "又～又…" が用いられる。

イ）
Zhèi zhǒng píngguǒ yòu dà yòu xiāng yòu tián.
这 种 苹果 又 大 又 香 又 甜。

Nà, wǒ jiù mǎi zhèi zhǒng ba.
— 那， 我 就 买 这 种 吧。

ロ）
Tā yòu huì jiǎng Yīngyǔ, yòu huì jiǎng Déyǔ.
他 又 会 讲 英语， 又 会 讲 德语。

Zhēn de, tā nàme lìhai?
— 真 的， 他 那么 厉害？

［常用の文章記号］

日本語記号	日本語名称	中国語記号	中国語名称		用法説明
，	カンマ	，	逗号	(dòuhào)	文中での停頓
。	句点、まる	。	句号	(jùhào)	一文の終結
、	読点、点	、	顿号	(dùnhào)	並列間の停頓
：	コロン	：	冒号	(màohào)	以下に文を提示
；	セミコロン	；	分号	(fēnhào)	並列された節と節との区切り
？	疑問符	？	问号	(wènhào)	疑問文の末尾
！	感嘆符	！	感叹号	(gǎntànhào)	強い感情を示す
・	中ぐろ点	·	间隔号	(jiàngéhào)	書名と篇名、月と日、外国人の名と姓の区切り
" "	引用符	" "	双引号	(shuāngyǐnhào)	文中の引用部分の明示

对话 duìhuà

Ⅰ
Zhème yuǎn de lù, shì shéi jiào nǐ dào zhèr lái de?
这么 远 的 路， 是 谁 叫 你 到 这儿 来 的?

① Shì wǒ yéye jiào wǒ lái de.
是 我 爷爷 叫 我 来 的。

② Shéi yě méi jiào wǒ lái, shì wǒ zìjǐ xiǎng lái de.
谁 也 没 叫 我 来， 是 我 自己 想 来 的。

Ⅱ
Nǐ shì cóng nǎr lái de?
你 是 从 哪儿 来 的?

① Wǒ shì cóng Yìdàlì lái de, nǐ ne?
我 是 从 意大利 来 的， 你 呢?

② Shì cóng Xīnjiāpō lái de, nǐ yě shì ma?
是 从 新加坡 来 的， 你 也 是 吗?

Ⅲ
Nǐ gěi wǒ huà zhāng huàr, hǎo ma?
你 给 我 画 张 画儿， 好 吗?

① Bùxíng, wǒ gōngzuò hái méi zuò wán ne.
不行， 我 工作 还 没 做 完 呢。

② Hǎo de, nǐ yào shénmeyàng de huàr?
好 的， 你 要 什么样 的 画儿?

// 词汇 2 cíhuì //

[名 詞]

爷爷 yéye 祖父・
おじいさん(父方)

意大利 Yìdàlì イタリア

新加坡 Xīnjiāpō シンガポール

[代名詞]

什么样 shénmeyàng どのような

练习题 liànxítí

一 用汉语回答下列问题

1．Jīntiān nǐ shì jǐ diǎn lái de xuéxiào?

2．Jīntiān nǐ shì zěnme lái de?

3．Nǐ shì shénme shíhou kāishǐ xué de Hànyǔ?

二 把下面的日语翻译成汉语

1．あなたに行かせなければ、誰に行かせるの？

2．あなたはどこで中国語を勉強したのですか？

3．お母さんは私に携帯電話を買ってくれません。

三 把下面的汉语翻译成日语

1．你又看电视，又听音乐，什么时候学习呢？

2．今晚我给你打电话，你在家等着吧。

3．这本书是我老师写的，太难了。

四 听写

1．我是（　　　　）从日本回来的。

2．（　　　　）没见了，你去哪儿了？

3．（　　　　）对不起，今晚你给我打个电话吧。

4．这种苹果又大又香又（　　　　）。

5．今天我妈妈（　　　　）我早点儿回家。

第十四课 我 昨天 被 车 撞 了
Dì shísì kè Wǒ zuótiān bèi chē zhuàng le

▶背诵例句 bèisòng lìjù ◀

1 我 的 自行车 被 人 骑走 了。
Wǒ de zìxíngchē bèi rén qízǒu le.

2 刮 风、打 雷、下 雨，这些 都 是 自然 现象。
Guā fēng、 dǎ léi、 xià yǔ, zhèixiē dōu shì zìrán xiànxiàng.

3 桌子上 放着 一 架 照相机。
Zhuōzishang fàngzhe yí jià zhàoxiàngjī.

4 今天 你 怎么 不 上学 呢？
Jīntiān nǐ zěnme bú shàngxué ne?

5 你 要 多少，我 就 给 你 多少。
Nǐ yào duōshao, wǒ jiù gěi nǐ duōshao.

// 词汇1 cíhuì //

[名 詞]

自然 zìrán 自然
现象 xiànxiàng 現象
照相机 zhàoxiàngjī カメラ
激光唱机 jīguāng chàngjī
　　　　　CDプレーヤー
科长 kēzhǎng 課長
大家 dàjiā みなさん
东西 dōngxi もの、品物
房间 fángjiān 部屋

[動 詞]

撞 zhuàng ぶつかる
放 fàng 置く

上学 shàngxué 学校へ行く、
　　　　　　通学する
说 shuō 叱る
弄坏 nònghuài 壊す
停 tíng 止む
发生 fāshēng 起こる
转 zhuǎn 移る
爱 ài 〜が好き
告诉 gàosu 教える、告げる
客气 kèqi 遠慮する

[形容詞]

可怜 kělián かわいそう

[介 詞]

被 bèi …に〜される

叫 jiào …に〜される

[量 詞]

架 jià 〜台(機械)
顿 dùn 〜回(叱る行為)
场 cháng 〜回(災害・風雨など)

[語 句]

刮风 guā fēng 風が吹く
打雷 dǎ léi 雷が鳴る
怎么办 zěnme bàn どうする？
转走 zhuǎnzǒu 転出する

[代名詞]

怎么 zěnme
　　　なぜ、どういうわけで

89

语法 yǔfǎ

1 受身表現

受身表現「…に～される」は受身を表わす介詞 "被" "让" "叫" を用いて作る。その用法 は、 主語（事態の受け手） + 受身を表わす介詞 + 事態を引き起こす主体（…） + 動詞（～）の語順で、「主語は…に～される」となる。なお、"让" と "叫" は使役表現としても用いられるので、文脈に注意して受身と使役の区別をする必要がある。

　　　　　Wǒ de　jīguāng chàngjī　jiào wǒ dìdi nònghuài le.
イ）我　的　　激光　唱机　　叫　我　弟弟　弄坏　了。

　　　　　Nà,　nǐ zěnme bàn?
　—那，　你　怎么　办?

　　　　　Tā bèi kēzhǎng shuōle yí dùn.
ロ）他　被　科长　说了　一　顿。

　　　　　Zhēn　kělián!
　—真　可怜!

※ "被" は 事態を引き起こす主体 を省略して直後に 動詞 を置き、「～される」という表現を作ることができる。

　　　　　Wǒ de Rì-Zhōng cídiǎn bèi jièzǒu le.
ハ）我　的　日中　词典　被　借走　了。

2 自然現象の表現

自然現象を描写する文は 動詞 + 自然現象 という語順をとることが多い。

　　　xià yǔ　　　　　　　bú xià yǔ　　　　　　xià yǔ le
イ）下　雨　　　　ロ）不　下　雨　　　　ハ）下　雨　了

　　　méi xià yǔ　　　　　yǔ bú xià le　　　　yǔ tíng le
ニ）没　下　雨　　　ホ）雨　不　下　了　　　ヘ）雨　停　了

3 事物の存在・出現・消失を表す文

事物の存在・出現・消失を表す文は自然現象の場合と同じ語順をとり、動詞には "着" や "了" などが後接される。場面（＝）+ 動詞（～）+ 主体（…）の語順で、「＝に（から、へ）…が～する（してある、した）」という意味になる。なお、主体は不特定の人物・事物に限られる。

イ）
Wǒmen xuéxiào fùjìn fāshēngle yì cháng jiāotōng shìgù.
我们 学校 附近 发生了 一 场 交通 事故。

—
Zhēn de? Shénme shíhou?
真 的? 什么 时候?

ロ）
Wǒmen bān zhuǎnzǒu le liǎng ge tóngxué.
我们 班 转走 了 两 个 同学。

—
Shì ma? Zhuǎndào nǎr qù le?
是 吗? 转到 哪儿 去 了?

4 疑問代名詞「怎么②」

"怎么"は方法を問うとともに、いぶかりや強い疑念をもって理由を問うときにも用いられ、「なぜ」「どういうわけで」と訳される。この場合、"怎么"に後接する動詞は否定・完了などの付加成分が伴う。

イ）
Dàjiā dōu zài xuéxí. Nǐ zěnme bù xué ne?
大家 都 在 学习。 你 怎么 不 学 呢?

—
Wǒ bú ài xuéxí.
我 不 爱 学习。

ロ）
Nǐ gāng chūqu, zěnme yòu huílai le?
你 刚 出去, 怎么 又 回来 了?

—
Wǒ bǎ dōngxi wàngzài fángjiānli le.
我 把 东西 忘在 房间里 了。

5 疑問代名詞の特別な用法

"谁""什么""多少""哪个"などの疑問代名詞は不定詞として対置されると、呼応関係を結ぶ表現となる。たとえば"谁"の場合、「誰か…ならば、その誰かが〜」といった意味になる。

イ）
Shéi zhīdào, shéi gàosu wǒ yíxià.
谁 知道, 谁 告诉 我 一下。

—
Wǒ zhīdào, wǒ gàosu nǐ.
我 知道, 我 告诉 你。

ロ）
Nǐ xǐhuan něi ge, názǒu něi ge dōu kěyǐ.
你 喜欢 哪 个, 拿走 哪 个 都 可以。

—
Nà, wǒ jiù bú kèqi le.
那, 我 就 不 客气 了。

对话 duìhuà

I Zāogāo, wǒ dàilai de yǔsǎn bèi rén názǒu le. Zěnme bàn ne?
糟糕, 我 带来 的 雨伞 被 人 拿走 了。 怎么 办 呢?

① Méi shìr, wǒ bǎ wǒ de zhédiésǎn jiègěi nǐ ba.
没 事儿, 我 把 我 的 折叠伞 借给 你 吧。

② Bié zháojí, nǐ zài zhǎozhao. Mén de hòubianr méi yǒu ma?
别 着急, 你 再 找找。 门 的 后边儿 没 有 吗?

II Nǐ kàn, qiánmian pǎolaile yì zhī dà gǒu.
你 看, 前面 跑来了 一 只 大 狗。

① Wǒ zuì pà gǒu, wǒ xiǎo shíhou bèi gǒu yǎoguo.
我 最 怕 狗, 我 小 时候 被 狗 咬过。

② Hǎo dà ya! Wǒ tèbié xǐhuan gǒu.
好 大 呀! 我 特别 喜欢 狗。

III Hāi, nǐ zěnme yòu chídào le?
咳, 你 怎么 又 迟到 了?

① Zhēn duìbuqǐ, wǒ xià cì yídìng zǎo diǎnr lái.
真 对不起, 我 下 次 一定 早 点儿 来。

② Jīntiān diànchē wǎndiǎn le, bú shì wǒ de cuò.
今天 电车 晚点 了, 不 是 我 的 错。

词汇 2 cíhuì

[名 詞]
折叠伞 zhédiésǎn 折り畳み傘
狗 gǒu 犬
错 cuò 過ち、間違い

[動 詞]
咬 yǎo 咬む
迟到 chídào 遅刻する
晚点 wǎndiǎn
　　　　　(定刻より)遅れる

[副 詞]
别～ bié～
　　　　～するな、～しないで

[量 詞]
只 zhī ～匹

[語 句]
没事儿 méi shìr 大丈夫である
你看 nǐ kàn ほら、見て
小时候 xiǎo shíhou 小さい頃

好大 hǎo dà とても大きい
下次 xià cì 次回

[感嘆詞]
咳 hāi ああ、やれやれ

练习题 liànxítí

一 请用汉语回答下列问题

1．Nǐ xǐhuan gǒu ma?

2．Nǐ bèi lǎoshī shuōguo ma?

3．Nǐ zěnme bù xué Hànyǔ ne?

二 把下面的日语翻译成汉语

1．今日、電車が遅れたので、私は遅刻しました。

2．あなたはどうしてまだ宿題をやっていないの？

3．あなたが食べたいものは、私は何でもあなたに作ってあげます。

三 把下面的汉语翻译成日语

1．因为这次考试我考得不好，所以被我父亲说了一顿。

2．你怎么又被狗咬了呢?

3．我带来的中文杂志被老师借走了。

四 听写

1．你（　　　　　）不骑自行车呢?

2．他是在哪儿被车（　　　　　）的?

3．我的（　　　　）被人拿走了。

4．你想喝（　　　　），你喝（　　　　）都可以。

5．桌子上（　　　　）两台电脑。

第 十五 课　自我　介绍
Dì shíwǔ kè　*zìwǒ*　*jièshào*

(1) 你们 好！
Nǐmen hǎo!

(2) 我 姓 山口， 叫 山口 聪子。
Wǒ xìng Shānkǒu, jiào Shānkǒu Cōngzǐ.

(3) 我 是 日本 南海 大学 三 年级 的 学生。
Wǒ shì Rìběn Nánhǎi Dàxué sān niánjí de xuésheng.

(4) 我 今年 二十 岁， 是 属 羊 的。
Wǒ jīnnián èrshí suì, shì shǔ yáng de.

(5) 我 的 专业 是 药学。
Wǒ de zhuānyè shì yàoxué.

(6) 我 对 中医 特别 感 兴趣。
Wǒ duì zhōngyī tèbié gǎn xìngqu.

(7) 我 家 一共 有 四 口 人， 父亲、 母亲、 姐姐 和 我。
Wǒ jiā yígòng yǒu sì kǒu rén, fùqin、mǔqin、jiějie hé wǒ.

(8) 我 父亲 是 公务员， 在 市政府 做 外事 工作； 我 母亲
Wǒ fùqin shì gōngwùyuán, zài shìzhèngfǔ zuò wàishì gōngzuò; wǒ mǔqin
是 老师， 在 高中 教 语文。 我 姐姐 是 英语 专业 毕业
shì lǎoshī, zài gāozhōng jiāo yǔwén. Wǒ jiějie shì Yīngyǔ zhuānyè bìyè
的， 她 现在 在 旅行社 当 导游 翻译。
de, tā xiànzài zài lǚxíngshè dāng dǎoyóu fānyì.

(9) 我 家 在 神户。 神户 的 北边儿 是 山， 南边儿 是 海，
Wǒ jiā zài Shénhù. Shénhù de běibianr shì shān, nánbianr shì hǎi,
风景 特别 好， 是 一 个 非常 浪漫 的 城市。
fēngjǐng tèbié hǎo, shì yí ge fēicháng làngmàn de chéngshì.

(10) 我 每天 坐 阪急 电车 上学， 从 我 家 到 大学 大约
Wǒ měitiān zuò Bǎnjí Diànchē shàngxué, cóng wǒ jiā dào dàxué dàyuē
需要 一 个 多 小时。
xūyào yí ge duō xiǎoshí.

(11) 我 星期二 和 星期五 有 汉语课。 星期二 是 中国
Wǒ xīngqī'èr hé xīngqīwǔ yǒu Hànyǔkè. Xīngqī'èr shì Zhōngguó
老师， 星期五 是 日本 老师。
lǎoshī, xīngqīwǔ shì Rìběn lǎoshī.

94

Hànyǔ   fāyīn   fēicháng nán,   wǒ   xiànzài   hái   jīngcháng   niàncuò.
(12) 汉语   发音   非常   难， 我   现在   还   经常   念错。

Wǒ   xīwàng   zài   jīnhòu   de   xuéxí   dāngzhōng,   qǐng   dàjiā   néng   jǐyǔ   wǒ
(13) 我   希望   在   今后   的   学习   当中，   请   大家   能   给予   我

bāngzhù   hé   zhǐjiào!
帮助   和   指教！

Wǒ   de   huà   jiǎngwán   le,   xièxie   dàjiā!
(14) 我   的   话   讲完   了， 谢谢   大家！

// 词汇 1 cíhuì //

[名 詞]

年级	niánjí	学年
专业	zhuānyè	専攻
药学	yàoxué	薬学
中医	zhōngyī	漢方医学
父亲	fùqin	父親
母亲	mǔqin	母親
公务员	gōngwùyuán	公務員
市政府	shìzhèngfǔ	市役所
外事	wàishì	外交
高中	gāozhōng	高校
语文	yǔwén	国語
旅行社	lǚxíngshè	旅行社
导游	dǎoyóu	ガイド、案内
翻译	fānyì	翻訳・通訳
风景	fēngjǐng	風景
城市	chéngshì	都市
阪急电车	Bǎnjí Diànchē	阪急電車
今后	jīnhòu	今後
帮助	bāngzhù	助け
指教	zhǐjiào	指導

[動 詞]

当	dāng	～になる
需要	xūyào	所要、掛かる
希望	xīwàng	願う
请	qǐng	どうぞ～して下さい
给予	jǐyǔ	与える

[形容詞]

浪漫	làngmàn	ロマンチックである

[副 詞]

一共	yígòng	合わせて、全部で
经常	jīngcháng	いつも

[介 詞]

对	duì	～について
		～に対して

[量 詞]

口	kǒu	～人（家族）

[語 句]

自我介绍	zìwǒ jièshào	自己紹介
感兴趣	gǎn xìngqù	興味がある
属羊	shǔ yáng	羊年生まれ
念错	niàncuò	読み間違う
在～当中	zài ~dāngzhōng	～にあたって

/// 补充词汇5 bǔchōng cíhuì ///

▶110 [参考] 6

「決まり文句」

ⓐ不好意思。　Bù hǎoyìsi.
　　　　　申し訳ありません。

ⓑ过奖 了。　Guòjiǎng le.
　　　　　それは褒めすぎですよ。

ⓒ不 敢当。　Bù gǎndāng.
　　　　　恐れ入ります。

ⓓ哪里哪里。　Nǎli nǎli.
　　　　　どういたしまして

ⓔ今后请多指教。　Jīnhòu qǐng duō zhǐjiào. 今後ともよろしくお願いします。

▶111 [参考] 7

「空港にて」

机场	jīchǎng	空港	起飞	qǐfēi	離陸する	入境	rùjìng	入国する
班机	bānjī	定期航空便	晚点	wǎndiǎn	遅れる	出境	chūjìng	出国する
登机	dēngjī	搭乗する	护照	hùzhào	パスポート	取消	qǔxiāo	キャンセルする
登机口	dēngjīkǒu	搭乗口	安全带	ānquándài	シートベルト			

▶112 [参考] 8

「病院にて」

医院	yīyuàn	病院	肚子疼	dùzi téng	お腹が痛む	开药方	kāi yàofāng	
医生	yīshēng	医者	嗓子疼	sǎngzi téng	喉が痛む			薬を処方する
生病	shēngbìng	病気にかかる	挂号处	guàhàochù	受付	护士	hùshi	看護師
感冒	gǎnmào	風邪をひく	打针	dǎzhēn	注射をする			
头疼	tóuténg	頭痛がする	开刀	kāidāo	手術する			

▶113 ①受け身で言いましょう

・ 我的 （　　　） 被 人 〈　　　〉 了。

〈偷走　tōuzǒu〉	盗んでいく	〈弄坏　nònghuài〉	毀してしまう
行李 xíngli	トランク	闹钟 nàozhōng	目覚まし時計
U 盘 Upán	USBメモリー	游戏机 yóuxìjī	ゲーム機
伞 sǎn	傘	手表 shǒubiǎo	腕時計

▶114 ②置かれている物を言いましょう

・ 桌子上 放着 一 〈　　　〉 （　　　）。

〈台〉微波炉 wēibōlú	〈个〉遥控器 yáokòngqì	〈把〉钥匙 yàoshi	鍵
電子レンジ	リモコン	〈个〉花瓶 huāpíng	花瓶
〈个〉电暖瓶 diànnuǎnpíng	〈张〉房卡 fángkǎ		
電気ポット	ルームカード		

▶115 [参考] 9

「十二支」

（子 zǐ）	鼠 shǔ	ねずみ	（辰 chén）	龙 lóng	たつ	（申 shēn）	猴 hóu	さる
（丑 chǒu）	牛 niú	うし	（巳 sì）	蛇 shé	へび	（酉 yǒu）	鸡 jī	とり
（寅 yín）	虎 hǔ	とら	（午 wǔ）	马 mǎ	うま	（戌 xū）	狗 gǒu	いぬ
（卯 mǎo）	兔 tù	うさぎ	（未 wèi）	羊 yáng	ひつじ	（亥 hài）	猪 zhū	いのしし・豚

Yuèdú kèwén
阅读 课文

Yùyán liǎng zé
寓言 两则

Yàmiáozhùzhǎng
《揠苗助长》

Gǔshíhou yǒu ge rén, tā pànwàngzhe zìjǐ tiánli de hémiáo zhǎngde kuài
古时候 有 个 人， 他 盼望着 自己 田里 的 禾苗 长得 快

xiē, tiāntiān dào tiánbiān qù kàn. Kěshì jǐ tiān guòqu le, hémiáo hǎoxiàng
些， 天天 到 田边 去 看。 可是 几 天 过去 了， 禾苗 好象

yìdiǎnr yě méi zhǎnggāo. Tā zài tiánbiān jiāojí de zhuànlái zhuànqù, zìyán
一点儿 也 没 长高。 他 在 田边 焦急 地 转来 转去， 自言

zìyǔ de shuō: "Wǒ děi xiǎng ge bànfǎ bāng tāmen zhǎngqǐlai."
自语 地 说："我 得 想 个 办法 帮 它们 长起来。"

Yì tiān, tā zhōngyú xiǎngchū le yí ge bànfǎ, jímáng pǎodào tiánli,
一 天， 他 终于 想出 了 一 个 办法， 急忙 跑到 田里，

bǎ hémiáo yì kē yì kē de wǎng gāo bá, cóng zhōngwǔ yìzhí mángdào
把 禾苗 一 棵 一 棵 地 往 高 拔， 从 中午 一直 忙到

tàiyáng luòshān, báde jīnpílìjìn.
太阳 落山， 拔得 筋疲力尽。

Tā huídào jiāli, yìbiān chuǎnqì yìbiān shuō: "Jīntiān kě bǎ wǒ lèihuài
他 回到 家里， 一边 喘气 一边 说："今天 可 把 我 累坏

le! Dàn zǒngsuàn méi bái fèi lìqi, hémiáo dōu zhǎnggāo le yí dà
了！ 但 总算 没 白 费 力气， 禾苗 都 长高 了 一 大

jié." Tā érzi bù míngbai tā shuō de shì shénme yìsi, dì èr tiān
截。" 他 儿子 不 明白 他 说 的 是 什么 意思， 第 二 天

biàn pǎodào tiánli qù kàn. Yí kàn, hémiáo quán dōu kūsǐ le.
便 跑到 田里 去 看。 一 看， 禾苗 全 都 枯死 了。

〈『孟子』「公孫丑篇」より〉

Shǒuzhūdàitù
《守株待兔》

▶ 117

Gǔshíhou yǒu ge zhòng tián de rén. Yì tiān, tā zài tiánli gànhuó,
古时候 有 个 种 田 的 人。 一 天, 他 在 田里 干活,

hūrán kànjiàn yì zhī yětù cóng shùlínli cuànle chūlai. Kě bùzhī zěnme
忽然 看见 一 只 野兔 从 树林里 窜了 出来。 可 不知 怎么

gǎo de, zhèi zhī yětù yì tóu zhuàngdào le tiánbiān de shùzhuāngshang, dāngchǎng
搞 的, 这 只 野兔 一 头 撞到 了 田边 的 树桩上, 当场

jiù sǐ le.
就 死 了。

Zhòngtián rén jímáng pǎoguòqu, méi huā yìdiǎnr lìqi, jiù bái jiǎn le
种田 人 急忙 跑过去, 没 花 一点儿 力气, 就 白 捡 了

zhème yì zhī yòu féi yòu dà de yětù. Tā lèzīzī de zǒu huíjiā
这么 一 只 又 肥 又 大 的 野兔。 他 乐滋滋 地 走 回家

qu, xīnli xiǎng yàoshi měitiān dōu néng jiǎndào zhème yì zhī yětù, gāi duō
去, 心里 想 要是 每天 都 能 捡到 这么 一 只 野兔, 该 多

hǎo a.
好 啊。

Cóngcǐ tā diūxià le chútou, zhěngtiān zuòzài shùzhuāng pángbiān děng
从此 他 丢下 了 锄头, 整天 坐在 树桩 旁边 等

zhe, kàn yǒu meiyou yětù zài pǎolai zhuàngsǐ zài shùzhuāngshang. Rìzi yì
着, 看 有 没有 野兔 再 跑来 撞死 在 树桩上。 日子 一

tiān yì tiān de guòqu le, zài yě méiyou yětù láiguo, kěshi tā de
天 一 天 地 过去 了, 再 也 没有 野兔 来过, 可是 他 的

tiánli yǐjīng zhǎngmǎn le yěcǎo, zhuāngjia quán wán le.
田里 已经 长满 了 野草, 庄稼 全 完 了。

〈『韓非子』「五蠹篇」より〉

《词　汇　表》

cíhuìbiǎo
《词汇表》

A

啊 a （～だ）よ「第 1 課」

爱 ài 愛する、～が好き「第 10、14 課」

爱人 àiren 配偶者「第 2 課」

矮 ǎi 背が低い「第 3 課」

爱好 àihào 趣味「自己紹介」

B

把 bǎ ～を「第 10 課」

吧 ba ～でしょう、～しましょう、～してください「第 2 課」

爸爸 bàba 父・お父さん「第 2 課」

办 bàn する、やる「第 10 課」

阪急电车 Bǎnjí Diànchē 阪急電車「自己紹介」

帮助 bāngzhù 助ける「自己紹介」

报 bào 新聞「第 2 課」

北海 Běihǎi 北海「第 1 課」

北京 Běijīng 北京「第 5 課」

背诵 bèisòng 暗唱する「第 1 課」

北洋 Běiyáng 北洋「第 1 課」

笔 bǐ 筆記具「第 4 課」

笔友 bǐyǒu ペンフレンド「第 13 課」

别 bié ～するな、～しないで「第 14 課」

冰箱 bīngxiāng 冷蔵庫「第 5 課」

不行 bùxíng だめである「第 9 課」

不要紧 bú yàojǐn 大丈夫である、たいしたことでは
　ない「第 7 課」

把 bǎ 椅子、傘、包丁等を数える「第 8 課」

班 bān クラス、組「第 4 課」

办公室 bàngōngshì 事務所、研究室「第 5 課」

帮 bāng 手伝う「第 8 課」

饱 bǎo 満腹である「第 11 課」

北大 Běi Dà 北京大学「第 13 課」

被 bèi …に～される、される「第 14 課」

背 bèi 暗唱する「第 8 課」

北京烤鸭 Běijīng kǎoyā 北京ダック「第 11 課」

本 běn ～冊「第 4 課」

比 bǐ ～よりも「第 9 課」

毕业 bìyè 卒業する「第 7 課」

别再～了 bié zài~le これ以上～しない「第 7 課」

不 bù ～ない「第 1 課」

不见了 bújiàn le 見当たらなくなった「第 12 課」

不用 búyòng ～する必要がない「第 8 課」

不用谢 búyòng xiè どういたしまして「第 0 課」

C

擦 cā 拭く「第 10 課」

才 cái やっと、ようやく「第 11 課」

菜 cài 料理、おかず「第 5 課」

参加 cānjiā 参加する「第 8 課」

差 chà 足りない、劣る「第 6、9 課」

常 cháng 常に、よく「第 5 課」

唱歌 chàng gē 歌を歌う「第 9 課」

陈 Chén 陳（中国人の姓）「第 7 課」

城市 chéngshì 都市「自己紹介」

吃不了 chībuliǎo 食べ切れない「第 10 課」

抽烟 chōu yān タバコを吸う「第 8 課」

初一 chūyī （旧暦）一日「第 6 課」

猜 cāi 言い当てる「第 10 課」

彩色复印机 cǎisè fùyìnjī カラーコピー機「第 5 課」

菜馆 càiguǎn 料理店、レストラン「第 5 課」

茶 chá お茶「第 2 課」

长 cháng 長い「第 5 課」

场 cháng ～回（災害・風雨など）「第 14 課」

车 chē 車「第 8 課」

成绩 chéngjì 成績「第 3 課」

吃 chī 食べる「第 2 課」

迟到 chídào 遅刻する「第 14 課」

出去 chūqù 出ていく、出かける「第 7 課」

出租车 chūzūchē タクシー「第 9 課」

窗户 chuānghu 窓「第12課」

次 cì 〜回「第10課」

词汇 cíhuì 語彙「第1課」

次 cì 〜号「第6課」

错 cuò 過ち、間違っている「第14課」

春节 Chūnjié 春節、旧正月「第6課」

词典 cídiǎn 辞書「第4課」

从〜到… cóng〜dào … 〜から…まで「第5課」

从来 cónglái 今まで「第10課」

D

打电话 dǎ diànhuà 電話をかける「第13課」

打雷 dǎ léi 雷が鳴る「第14課」

打算 dǎsuàn 〜するつもり「第8課」

大阪 Dàbǎn 大阪「第3課」

大家 dàjiā みなさん「第14課」

大学 dàxué 大学「第1課」

大约 dàyuē およそ「第4課」

单词 dāncí 単語「第8課」

但 dàn しかし「第5課」

当 dāng （〜に）なる、務める「自己紹介」

导游 dǎoyóu ガイド、案内「自己紹介」

的 de 〜の「第1課」

〜的话 de huà 〜ならば「第12課」

〜的时候 de shíhou 〜の時「第8課」

得 děi 〜しなければならない、要する、かかる
「第8、12課」

弟弟 dìdi 弟「第2課」

地位 dìwèi 地位「第9課」

点 diǎn 〜時「第6課」

电车 diànchē 電車「第10課」

电视 diànshì テレビ「第2課」

电影 diànyǐng 映画「第2課」

钓鱼 diào yú 魚を釣る「第8課」

动画片 dònghuàpiàn アニメーション「第2課」

都 dōu すっかり「第10課」

肚子 dùzi おなか「第9課」

端午节 Duānwǔjié 端午の節句「第6課」

对不起 duìbuqǐ すみません「第0課」

对话 duìhuà 会話「第1課」

对象 duìxiàng 婚約者「第4課」

多 duō 多い、あまり「第3、6課」

多长 duō cháng どれくらいの長さ「第5課」

〜多了 ~duō le はるかに〜「第9課」

多少 duōshao どのくらい「第4課」

打工 dǎgōng アルバイトをする「第6課」

打算 dǎsuàn 心積もり、予定「第5課」

大 dà 大きい、広い「第3課」

大号 dàhào 大きいサイズ「第4課」

大人 dàrén 大人「第8課」

大学生 dàxuéshēng 大学生「第1課」

带 dài 持つ、携帯する「第8課」

单位 dānwèi 職場、会社「第6課」

但是 dànshì しかし「第3課」

当然 dāngrán もちろん「第9課」

到 dào 着く「第7課」

得 de 動詞・形容詞の後に置き、その結果や程度
を表す語、可能を示す語「第9、10課」

德语 Déyǔ ドイツ語「第13課」

灯节 dēngjié （ちょうちん祭り）「第6課」

等 děng 待つ「第12、13課」

地铁 dìtiě 地下鉄「第9課」

地址 dìzhǐ 住所「第11課」

点（钟）diǎn (zhōng) 〜時「第6課」

电脑 diànnǎo コンピューター、パソコン「第3課」

电梯 diàntī エレベーター「第8課」

电影票 diànyǐngpiào 映画のチケット「第4課」

东西 dōngxi もの、物品「第14課」

都 dōu 全部、みな、全て「第1課」

兜儿 dōur ポケット「第11課」

大 dà 大きい、広い「第3課」

对 duì 正しい、その通りである、〜について
「第1課、自己紹介」

对面 duìmiàn 向かい側「第5課」

顿 dùn 〜回（食事、叱る行為）「第10、14課」

朵 duǒ 〜本（花）「第12課」

多大 duō dà 何歳「第7課」

多远 duō yuǎn どれくらいの距離「第5課」

多少钱 duōshao qián いくら（値段）「第4課」

E

饿 è おなかがすいている「第9課」

儿子 érzi 息子「第3課」

耳朵 ěrduo 耳「第10課」

F

发烧 fāshāo 熱が出る「第6課」

发音 fāyīn 発音「第3課」

翻译 fānyì 翻訳、通訳「自己紹介」

饭店 fàndiàn 料理店、ホテル「第4課」

放 fàng 置く「第14課」

放心 fàngxīn 安心する「第9課」

飞机 fēijī 飛行機「第11課」

风 fēng 風「第3課」

附近 fùjìn ～の近く、あたり「第14課」

父亲 fùqin 父親「自己紹介」

复习 fùxí 復習する「第5課」

发生 fāshēng 起こる「第14課」

法国 Fǎguó フランス「第8課」

饭 fàn ご飯・食事「第2課」

房间 fángjiān 部屋「第14課」

放暑假 fàng shǔjià 夏休みに入る「第7課」

非常 fēicháng 非常に「第3課」

分 fēn ～分「第6課」

风景 fēngjǐng 風景「自己紹介」

父母 fùmǔ 父母「第3課」

富士山 Fùshìshān 富士山「第9課」

服务员 fúwùyuán （ホテルなどの）従業員「第1課」

G

改天 gǎitiān 他日、後日「第8課」

赶 gǎn 追いかける、急ぐ、間に合わせる「第10課」

干 gàn する、やる「第6課」

干不了 gànbuliǎo できない「第10課」

刚 gāng たった今～したばかり「第12課」

高峰时间 gāofēng shíjiān ラッシュアワー「第9課」

高中 gāozhōng 高校「自己紹介」

个 ge ～人、～個「第4課」

个子 gèzi 身長「第3課」

跟 gēn ～と、～に「第5課」

根本 gēnběn 全く「第10課」

公司 gōngsī 会社「第2課」

工作 gōngzuò 仕事「第3課」

狗 gǒu 犬「第14課」

故事 gùshi 物語、お話「第2課」

广播 guǎngbō 放送「第2課」

贵姓 guìxìng お名前「第0課」

过 guò 過ごす、祝祭日を祝う「第5、6課」

过 guo ～したことがある「第11課」

干净 gānjìng （汚れがなくて）きれいである「第10課」

感兴趣 gǎn xìngqù 興味がある「自己紹介」

干得了 gàndeliǎo できる「第10課」

高 gāo （背が）高い「第3課」

高兴 gāoxìng うれしい、喜んでいる「第3課」

告诉 gàosu 教える、告げる「第14課」

哥哥 gēge 兄、お兄さん「第3課」

给 gěi （～に、～を）与える、～に、～のために「第12、13課」

功课 gōngkè 授業の内容、勉強「第5課」

公务员 gōngwùyuán 公務員「自己紹介」

工作服 gōngzuòfú 作業服「第11課」

咕咕 gūgū グーグー「第9課」

刮风 guā fēng 風が吹く「第14課」

贵 guì 高い（値段）「第3課」

锅贴儿 guōtiēr 焼き餃子「第3課」

～过来 guòlai ～してやって来る「第11課 方向補語」

H

咳 hāi ああ、やれやれ「第14課」

还 hái なお、あと～「第5課」

还 hái まだ、いまだに「第4課」

海 hǎi 海「自己紹介」

还是 háishi それとも、やはり「第9課」
海量 hǎiliàng 酒豪「第7課」
汉堡包 hànbǎobāo ハンバーガー「第2課」
汉字 Hànzì 漢字「第9課」
好 hǎo よい、本当に、なんと～「第3、14課」
号 hào ～日「第6課」
好久 hǎo jiǔ 長い間「第13課」
好像 hǎoxiàng ～みたい、～のようだ「第13課」
和 hé ～と～「第1課」
很 hěn とても「第3課」
红 hóng 赤い「第4課」
话 huà 話、言葉「第2課」
画儿 huàr 絵「第9課」
换 huàn 替える「第11課」
回国 huí guó 帰国する「第7課」
回来 huílai 帰って来る「第8課」
会 huì ～できる、～のはずだ、～だろう

还行 hái xíng まあまあである「第9課」
寒假 hánjià 冬休み「第8課」
汉语 Hànyǔ 中国語「第1課」
韩国人 Hánguórén 韓国人「第1課」
好大 hǎo dà とてもおおきい「第14課」
好几次 hǎo jǐ cì 何回も「第11課」
好看 hǎokàn きれい「第13課」
喝 hē 飲む「第2課」
盒儿 hér ～個、ケース（小箱状のもの）「第7課」
横滨 Héngbīn 横浜「第11課」
滑雪 huáxuě スキーをする「第11課」
画 huà 描く「第9課」
欢送会 huānsònghuì 歓送会、送別会「第7課」
回 huí 帰る、戻る「第7課」
回来 huílai 帰ってくる
回信 huíxìn 返信、返事の手紙「第13課」
火车站 huǒchēzhàn 列車の駅「第5課」
　「第8課」

J

激光唱机 jīguāng chàngjī CDプレーヤー
　「第14課」
给予 jǐyǔ 与える「自己紹介」
家 jiā 家、～軒（家・店）「第5、12課」
价钱 jiàqián 値段「第9課」
件 jiàn ～件、～着（衣服）「第4課」
建国 jiànguó 建国（をする）「第6課」
讲课 jiǎngkè 授業をする「第12課」
交通事故 jiāotōng shìgù 交通事故「第14課」
叫 jiào ～という名前である、鳴る、…に～さ
　せる、…に～される「第0、9、13、14課」
结婚 jiéhūn 結婚する「第7課」
姐姐 jiějie 姉、お姉さん「第3課」
斤 jīn 斤（500グラム）「第5課」
～进来 ~jìnlai ～して入ってくる「第11課・
　方向補語」
近 jìn 近い「第5課」
进去 jìnqu 入って行く「第12課」
经常 jīngcháng いつも「自己紹介」
久 jiǔ 時間が長い、久しい「第13課」

几 jǐ 幾つ「第4課」
急事 jíshì 急用「第10課」
记 jì 覚える「第12課」
架 jià ～台（機械）「第14課」
驾驶执照 jiàshǐ zhízhào 運転免許「第8課」
见 jiàn 会う「第11課」
讲 jiǎng 話す「第9課」
教 jiāo 指導する「第12課」
饺子 jiǎozi ギョーザ「第2課」
教室 jiàoshì 教室「第11課」
节 jié 節句「第6課」
节日 jiérì 祝日「第6課」
借 jiè 借りる、貸す「第8課」
今后 jīnhòu 今後「自己紹介」
今年 jīnnián 今年「第6課」
今天 jīntiān 今日「第3課」
近来 jìnlái 近頃「第3課」
今晚 jīnwǎn 今夜「第13課」
酒 jiǔ お酒「第2課」
就 jiù すぐに、まさに「第5課」

103

K

咖啡 kāfēi コーヒー「第2課」

开 kāi 発車する「第6課」

开车 kāichē 車を運転する「第8課」

看 kàn 見る、読む「第2課」

考上 kǎoshàng 合格する「第11課」

科长 kēzhǎng 課長「第14課」

可怜 kělián かわいそう「第14課」

可以 kěyǐ ～できる、～してもよい、～するとよい、よろしい「第7、8課」

客气 kèqi 遠慮する「第14課」

口 kǒu ～人（家族）「自己紹介」

块 kuài ～元、～枚「第4、11課」

快～了 kuài~le もうすぐ～する「第12課」

卡拉OK厅 kǎlā OK tīng カラオケホール「第7課」

开 kāi 開く「第12課」

开始 kāishǐ 始める、始まる「第8課」

考 kǎo 受験する「第8課」

考试 kǎoshì 試験「第10課」

可乐 kělè コーラ「第2課」

可是 kěshì しかし「第3課」

刻 kè 15分（間）「第6課」

课 kè レッスン、授業「第1、2課」

空房 kòngfáng 空室「第4課」

裤子 kùzi ズボン「第10課」

快 kuài 速い（スピード）「第9課」

L

啦 la（～だ）よ「第9課」

来 lái よこす（～をもらう）、来る「第2課」「第5課」

老家 lǎojiā 実家、故郷「第12課」

了 le ～した、～している「第7課」

离 lí ～から、～より、～まで「第5課」

里 li ～の中「第5課」

礼物 lǐwù 贈物「第12課」

例句 lìjù 例文「第1課」

脸色 liǎnsè 顔色「第6課」

两 liǎng「二つ」としての2「第4課」

辆 liàng ～台（車）「第4課」

聊天儿 liáotiānr おしゃべりをする「第12課」

零 líng ゼロ＝〇（二つの数の間に置いて端数の追加や桁のとび越しを示す）「第6課」

留学生 liúxuéshēng 留学生「第1課」

楼 lóu ～階「第8課」

路 lù 道「第11課」

旅游 lǚyóu 観光旅行をする「第13課」

拉肚子 lā dùzi 下痢をする「第6課」

浪漫 làngmàn ロマンチックである「自己紹介」

老 lǎo ～さん「第7課」

老师 lǎoshī 先生「第1課」

冷 lěng 寒い「第6課」

李 Lǐ 李（中国人の姓）「第7課」

礼堂 lǐtáng 講堂「第5課」

厉害 lìhai すごい「第13課」

历史 lìshǐ 歴史「第2課」

练习题 liànxítí 練習問題「第1課」

凉快 liángkuai 涼しい「第6課」

亮 liàng 明るい、明るくなる「第7課」

列车 lièchē 列車「第6課」

留级 liújí 留年する「第12課」

流利 liúlì 流暢である「第9課」

龙 Lóng 龍（中国人の姓または名）「第7課」

鲁迅 Lǔ Xùn 魯迅「第13課」

录音 lùyīn 録音された音声「第10課」

旅行社 lǚxíngshè 旅行社「自己紹介」

M

吗 ma ～か？「第1課」

马 Mǎ 馬（中国人の姓）「第1課」

麻烦 máfan 面倒をかける「第0課」

买卖 mǎimai 商売「第12課」

妈妈 māma お母さん「第9課」

马上 mǎshàng すぐに「第11課」

买 mǎi 買う「第2課」

卖 mài 売る「第4課」

忙 máng 忙しい「第3課」
玫瑰花 méiguihuā バラの花「第12課」
没什么 méi shénme 何でもない「第0課」
没问题 méi wèntí 問題ない、大丈夫「第10課」
没用 méiyòng 役に立たない、無駄である
　「第13課」
没有〜 méi yǒu〜 〜ほど〜ない「第9課」
每天 měitiān 毎日「第3課」
门 mén ドア、門「第10課」
面积 miànjī 面積「第9課」
名片 míngpiàn 名刺「第11課」
名字 míngzi 名前「第0課」

毛衣 máoyī セーター「第4課」
没关系 méi guānxi かまいません「第0課」
没事儿 méi shìr 大丈夫である「第14課」
没(有)精神 méi(yǒu) jīngshen 元気がない
　「第6課」
没有 méi yǒu ない、いない、持っていない「第4課」
每 měi 一つ一つ、どの〜「第9課」
妹妹 mèimei 妹「第2課」
米 mǐ メートル「第8課」
面条 miàntiáo 麺類、うどん「第2課」
明天 míngtiān 明日「第0課」
母亲 mǔqin 母親「自己紹介」

N

那 nà それ「第3課・指示代名詞」
拿 ná 持つ、取る「第10課」
难 nán 難しい「第3課」
南海 Nánhǎi 南海「第1課」
哪个 něige どれ「第4課」
那些 nèixiē それら「第4課」
你 nǐ あなた「第1課・人称代名詞」
你们 nǐmen「第1課・人称代名詞」
年级 niánjí 学年「自己紹介」
念错 niàncuò 読み間違う「自己紹介」
农历 nónglì 旧暦「第6課」
女朋友 nǚpéngyou ガールフレンド「第5課」

呐 na (〜です)よ「第8課」
那么 nàme そんなに、それほど「第9課」
男朋友 nánpéngyou ボーイフレンド「第12課」
呢 ne 〜は?「第3課」
哪国 něi guó どの国 (の〜)「第8課」
能 néng 〜できる「第8課」
你好 nǐ hǎo こんにちは「第0課」
你看 nǐ kàn ほら、見て「第14課」
念 niàn 声を出して読む「第5課」
牛奶 niúnǎi 牛乳「第2課」
弄坏 nònghuài 壊す「第14課」

P

怕 pà 怖がる、〜に弱い「第3課」
螃蟹 pángxiè カニ「第8課」
跑 pǎo 走る「第9課」
啤酒 píjiǔ ビール「第2課」
便宜 piányi 安い「第3課」
漂亮 piàoliang 美しい「第3課」
苹果 píngguǒ リンゴ「第5課」

牌子 páizi ブランド「第3課」
旁边儿 pángbiānr そば、横「第5課・方位詞」
朋友 péngyou「第1課」
皮鞋 píxié 革靴「第8課」
票 piào チケット、切符「第4課」
瓶 píng 〜本 (ビン)「第7課」

Q

妻子 qīzi つま「第2課」
起 qǐ 起きる「第7課」
起来 qǐlái 起きる「第7課」
汽车站 qìchēzhàn バス停「第5課」

骑 qí (またがって)乗る「第8課」
起床 qǐchuáng 起きる「第7課」
汽车 qìchē バス、車、自動車「第8課」
钱 qián お金「第4課」

钱包 qiánbāo 財布「第5課」

请 qǐng どうぞ〜して下さい「自己紹介」

去 qù 行く「第5課」「第7課」

全能运动员 quánnéng yùndòngyuán 万能選手「第9課」

巧克力 qiǎokèlì チョコレート「第7課」

请问 qǐngwèn お尋ねします「第0課」

R

让 ràng 〜に…させる「第13課」

认识 rènshi 知り合う「第3課」

日文 Rìwén 日本語「第4課」

日中 Rì-Zhōng 日中「第14課」

热 rè 暑い「第3課」

日本人 Rìběnrén 日本人「第1課」

日语 Rìyǔ 日本語「第5課」

S

山 shān 山「自己紹介」

上 shang 〜の上

上海 Shànghǎi 上海「第8課」

上学 shàngxué 学校へ行く、通学する「第14課」

谁 shéi 誰、どなた「第1課」

神户 Shénhù 神戸「第7課」

什么时候 shénme shíhou いつ「第13課」

生日 shēngrì 誕生日「第6課」

时候 shíhou 時、時間「第8課」

实在 shízài 本当に「第13課」

事 shì 事、用事「第4課」

收拾 shōushi 片付ける「第12課」

手绢儿 shǒujuànr ハンカチ「第11課」

书 shū 本、書物「第2課」

舒服 shūfu 気分がいい「第6課」

暑假 shǔjià 夏休み「第5課」

帅 shuài かっこいい「第3課」

双人房间 shuāngrén fángjiān ダブルの部屋
「第4課」

睡 shuì 眠る「第7課」

说 shuō 話す「第8課」

〜死了 sǐ le （好ましくないことが）きわめて〜
「第9課」

酸奶 suānnǎi ヨーグルト「第5課」

虽然〜但是… suīrán~dànshì … 〜ではあるが、しかし…「第9課」

商店 shāngdiàn 店「第12課」

上班 shàngbān 出勤する「第3、6課」

上课 shàngkè 授業をする、授業を受ける「第6課」

上午 shàngwǔ 午前「第3課」

身体 shēntǐ 体「第3課」

什么 shénme 何、どんな「第2課」

什么样 shénme yàng どのような「第13課」

生鱼片 shēngyúpiàn 刺身「第11課」

时间 shíjiān 時間「第5課」

是 shì 〜である「第1課」

市政府 shìzhèngfǔ 市役所「自己紹介」

手机 shǒujī 携帯電話「第4課」

售货员 shòuhuòyuán 販売員「第8課」

书包 shūbāo カバン（学校用）「第13課」

书架 shūjià 本棚「第5課」

属羊 shǔ yáng 羊年生まれ「自己紹介」

双 shuāng 〜足（2つで一組のもの）「第8課」

水饺 shuǐjiǎo 水ギョーザ「第3課」

水墨画 shuǐmòhuà 水墨画「第9課」

睡觉 shuìjiào 眠る「第12課」

送 sòng 贈る、プレゼントする「第12課」

岁 suì 年、歳「第7課」

岁数 suìshu 年齢「第7課」

随便 suíbiàn 自由に「第8課」

T

他 tā 彼「第1課・ 人称代名詞 」

太 tài あまりにも〜、〜すぎる「第3課」

她 tā 彼女「第1課・ 人称代名詞 」

太〜了 tài~le とても〜だ「第3課」

106

台 tái ～台「第 4 課」

躺 tǎng 横になる「第 12 課」

疼 téng 痛い「第 10 課」

天气 tiānqì 天気「第 3 課」

条 tiáo ～本、～匹（細くて長いもの）「第 11 課」

听说 tīngshuō 聞くところによれば、～だそうだ「第 11 課」

同学 tóngxué 同級生「第 1 課」

泰山 Tàishān 泰山「第 9 課」

特别 tèbié 特に「第 3 課」

天 tiān ～日間、空「第 4、7 課」

甜 tián 甘い「第 13 課」

听 tīng 聴く「第 2 課」

停 tíng 止む「第 14 課」

挺～的 tǐng~de すごく（かなり）～だ「第 9 課」

图书馆 túshūguǎn 図書館「第 3 課」

W

外事 wàishì 外交「自己紹介」

碗 wǎn～ ～杯（ご飯、麺類など）「第 7 課」

晚会 wǎnhuì 夜会「第 8 課」

晚上 wǎnshang 夜「第 10 課」

忘 wàng 忘れる「第 10 課」

文学 wénxué 文学「第 2 課」

我 wǒ 私「第 1 課・人称代名詞」

午饭 wǔfàn 昼ご飯「第 5 課」

完 wán 終わる「第 10 課」

晚 wǎn （時間が）遅い「第 10 課」

晚饭 wǎnfàn 夕食「第 10 課」

王 Wáng 王（中国人の姓）「第 9 課」

为什么 wèi shénme なぜ「第 13 課」

问 wèn 尋ねる「第 8 課」

吴 Wú 呉（中国人の姓）「第 9 課」

晚点 wǎndiǎn （定刻より）遅れる「第 14 課」

X

西瓜 xīguā スイカ「第 11 課」

洗 xǐ 洗う「第 10 課」

下班 xiàbān 仕事が終わる「第 6 課」

下个月 xià ge yuè 来月「第 8 課」

下午 xiàwǔ 午後「第 3 課」

下雨 xià yǔ 雨が降る「第 8 課」

鲜啤 xiānpí 生ビール「第 2 課」

现在 xiànzài 今、現在「第 4 課」

想 xiǎng ～したい「第 8 課」

相当 xiāngdāng 相当に、かなり「第 9 課」

相反 xiāngfǎn 逆である「第 9 課」

项 xiàng ～つ、～件（任務、仕事のまとまり）「第 10 課」

小号 xiǎohào 小さいサイズ「第 4 課」

小时 xiǎoshí ～時間「第 6 課」

小说 xiǎoshuō 小説「第 4 課」

写 xiě 書く「第 4 課」

辛苦 xīnkǔ ご苦労さま「第 0 課」

信任 xìnrèn 信頼する「第 9 課」

星期六 xīngqīliù 土曜日「第 6 課」

行 xíng よろしい「第 7 課」

希望 xīwàng ～を願う、～を望む「自己紹介」

喜欢 xǐhuan ～が好き「第 11 課」

下次 xià cì 次回「第 14 課」

下课 xiàkè 授業が終わる「第 7 課」

夏天 xiàtiān 夏「第 3 課」

先 xiān 先に、まず「第 2 課」

现象 xiànxiàng 現象「第 14 課」

香 xiāng 香りがよい「第 13 課」

像～一样 xiàng~yíyàng （あたかも）～のようである「第 9 課」

向 xiàng ～に「第 8 課」

小 xiǎo ～君、～さん「第 7 課」

小孩儿 xiǎoháir 子供「第 8 課」

小朋友 xiǎopéngyou 子供（呼びかけ）「第 7 課」

小时候 xiǎo shíhou 小さい頃「第 14 課」

校园 xiàoyuán キャンパス「第 3 課」

谢谢 xièxie ありがとう「第 0 課」

新加坡 Xīnjiāpō シンガポール「第 13 課」

星期 xīngqī 週、曜日「第 5 課」

星期天 xīngqītiān 日曜日「第 6 課」

姓 xìng ～という姓である「第 0 課」

行李 xíngli （旅行などの）荷物「第12課」
幸福观 xìngfúguān 幸福観「第9課」
学 xué 学ぶ、見習う「第2課」
学生 xuésheng 学生「第1課」

幸福 xìngfú 幸福である「第9課」
需要 xūyào 必要である「自己紹介」
学费 xuéfèi 学費「第3課」
学习 xuéxí 学ぶ、勉強する「第2課」

Y

呀 ya （～だ）よ「第3課」
演讲 yǎnjiǎng 講演「第5課」
羊肉串儿 yángròuchuànr シシ・カバブ「第11課」
咬 yǎo 咬む「第14課」
要 yào いる、ほしい、～しなければならない、
　～したい、～するつもりである、～かかる
　「第2、4、8、10課」
也 yě ～も「第1課」
一半儿 yíbànr 半分「第9課」
一个人 yí ge rén 一人「第10課」
一下 yíxià ちょっと（動作）、一回「第12課」
应该 yīnggāi ～すべきである、～しなければなら
　ない「第8課」
以前 yǐqián 以前「第4課」
一点儿 yìdiǎnr 少し、ちょっと「第6課」
一直 yìzhí 真っすぐ、ずっと「第5、6課」
因为～所以… yīnwèi~suǒyǐ… ～なので、
　だから…「第9課」
油画 yóuhuàr 油絵「第9課」
呦 yōu おや、まあ「第12課」
又～又… yòu~yòu… ～であり…でもある
　「第13課」
有点儿 yǒudiǎnr 少し、ちょっと～だ
　（否定的）「第6課」
语文 yǔwén 国語「自己紹介」
远 yuǎn 遠い「第5課」

严 yán 厳しい「第12課」
眼镜 yǎnjìng メガネ「第8課」
要求 yāoqiú 要求する「第12課」
药 yào 薬「第2課」
要～了 yào~le もうすぐ～する「第12課」
要紧 yàojǐn 重要である、重大である「第7課」
爷爷 yéye 祖父・おじいさん（父方）「第13課」
衣服 yīfu 服「第9課」
一定 yídìng きっと、必ず「第8課」
一共 yígòng 合わせて、全部で「自己紹介」
一样 yíyàng 同じである「第9課」
以后 yǐhòu 以後「第12課」
已经 yǐjīng 既に、もう「第7課」
意大利 Yìdàlì イタリア「第13課」
一起 yìqǐ 一緒に「第5課」
阴历 yīnlì 旧暦「第6課」
音乐 yīnyuè 音楽「第2課」
英语 Yīngyǔ 英語「第9課」
游乐园 yóulèyuán 遊園地「第5課」
又 yòu また「第14課」
游 yóu 泳ぐ「第8課」
有 yǒu ある、いる、持つ「第4課」
语法 yǔfǎ 文法「第1課」
雨伞 yǔsǎn 雨傘「第8課」
元旦 Yuándàn 元旦「第6課」
月 yuè ～月「第6課」

Z

杂志 zázhì 雑誌「第2課」
再 zài そのうえ「第8課」
在 zài ～にある、～にいる、～に、～で「第5課」
再也～ zài yě~ これ以上はもう～「第11課」
　「自己紹介」
怎么 zěnme どのように、なぜ、どういうわけで
　「第5、14課」

再 zài また、更に「第7課」
再见 zàijiàn さようなら「第0課」
在～当中 zài~dāngzhōng ～にあたって
糟糕 zāogāo 大変である「第12課」
早就 zǎojiù とっくに「第7課」
怎么办 zěnme bàn どうする「第14課」
怎么了 zěnme le どうした「第6課」

怎么样 zěnme yàng どうですか「第3課」

张 Zhāng 張（中国人の姓）「第9課」

张 zhāng ～枚「第4課」

着急 zháojí 焦る「第13課」

照 zhào 撮る「第8課」

照相机 zhàoxiàngjī カメラ「第14課」

这 zhè これ「第4課・指示代名詞」

这几天 zhè jǐ tiān ここ数日「第6課」

这儿 zhèr ここ「第4課」「第5課・場所を表す指示代名詞」

着 zhe （～し）ている、（～し）ながら…する
「第12課」

真的 zhēn de 本当に「第8課」

正 zhèng ちょうど、まさに「第9課」

支 zhī ～本「第4課」

知道 zhīdào 知っている「第3課」

职员 zhíyuán 職員「第4課」

中华街 Zhōnghuájiē 中華街「第11課」

国 Zhōngguó 中国「第1課」

中日 Zhōng-Rì 中日「第4課」

中医 zhōngyī 漢方医学「自己紹介」

种 zhǒng 種類「第5課」

主要 zhǔyào 主な「第6課」

注意 zhùyì 心掛ける、気を付ける「第8課」

转 zhuǎn 移る「第14課」

撞 zhuàng ぶつかる「第14課」

桌子 zhuōzi テーブル、机「第5課」

字 zì 文字「第9課」

自然 zìrán 自然「第14課」

自学 zìxué 独学する「第12課」

走 zǒu 歩く、行く、立ち去る「第5課」

最近 zuìjìn 最近、近頃「第13課」

坐 zuò 乗る、腰かける、座る「第8、12課」

做 zuò する、やる「第5課」

做菜 zuò cài 料理を作る「第9課」

窄 zhǎi 狭い「第11課」

站 zhàn 立つ「第12課」

丈夫 Zhàngfu おっと「第2課」

找 zhǎo 搜す「第10課」

照相 zhàoxiàng 写真を撮る「第8課」

折叠伞 zhédiésǎn 折り畳み傘「第14課」

这些 zhèixiē これら「第14課」

这么 zhème こんなに「第8課」

真 zhēn 本当に「第3課」

正月 zhēngyuè （旧暦の）正月「第6課」

正在 zhèngzài ちょうど～している「第12課」

直 zhí しきりに「第9課」

支 zhī ～本「第4課」

指教 zhǐjiào 指導する「自己紹介」

只要～就… zhǐyào～jiù… ～でありさえすれば、中
それで…「第9課」

中文 Zhōngwén 中国語「第2課」

钟 zhōng 時間、鐘、時計「第6課」

粥 zhōu お粥「第2課」

住 zhù 滞在する、泊まる、住む「第4課」

专业 zhuānyè 専攻「自己紹介」

转走 zhuǎnzǒu 転出する「第14課」

准备 zhǔnbèi ～するつもりである、準備する
「第8、12課」

自己 zìjǐ 自分「第12課」

自我介绍 zìwǒ jièshào 自己紹介「自己紹介」

自行车 zìxíngchē 自転車「第4課」

最 zuì 最も、一番「第3課」

昨天 zuótiān 昨日「第3課」

左右 zuǒyou ～くらい、～ばかり「第4課」

做 zuò 作る、こしらえる「第10課」

作业 zuòyè 宿題「第5課」

109

日本語の漢字と異なる筆画の "简体字"

A	爱	1 ài (愛)	**B**	办	2 bàn (弁/辦)	阪	3 bǎn (阪)	包	4 bāo (包)		
报	5 bào (報)	备	6 bèi (備)	笔	7 bǐ (筆)	边	8 biān (辺)	别	9 bié (別)	滨	10 bīn (浜)
冰	11 bīng (氷)	**C**		差	12 chà (差)	长	13 cháng (長)	场	14 chǎng (場)	车	15 chē (車)
陈	16 chén (陳)	迟	17 chí (遅)	窗	18 chuāng (窓)	错	19 cuò (錯)	**D**		带	20 dài (帯)
导	21 dǎo (導)	德	22 dé (徳)	电	23 diàn (電)	东	24 dōng (東)	动	25 dòng (動)	对	26 duì (対)
E	儿	27 ér (児)	**F**	发	28 fā, fà (発/髪)	反	29 fǎn (反)	飞	30 fēi (飛)		
风	31 fēng (風)	**G**		个	32 ge, gè (個)	广	33 guǎng (広)	锅	34 guō (鍋)	过	35 guò (過)
H	海	36 hǎi (海)	还	37 hái (還)	韩	38 hán (韓)	汉	39 hàn (漢)	喝	40 hē (喝)
后	41 hòu (後)	花	42 huā (花)	滑	43 huá (滑)	华	44 huá (華)	坏	45 huài (壊)	换	46 huàn (換)
J	机	47 jī (機)	几	48 jǐ (幾)	绩	49 jì (績)	见	50 jiàn (見)	讲	51 jiǎng (講)
较	52 jiào (較)	节	53 jié (節)	今	54 jīn (今)	紧	55 jǐn (緊)	经	56 jīng (経)	净	57 jìng (浄)
K	考	58 kǎo (考)	块	59 kuài (塊)	**L**	乐	60 lè (yuè) (楽)	离	61 lí (離)		

历	62 lì (歷)(曆)	厉	63 lì (厲)	怜	64 lián (憐)	脸	65 liǎn (臉)	练	66 liàn (練)	两	67 liǎng (両)
凉	68 liáng (涼)	亮	69 liàng (亮)	龙	70 lóng (龍)	鲁	71 lǔ (魯)	录	72 lù (録)	M	
吗	73 ma (嗎)	买	74 mǎi (買)	卖	75 mài (売)	每	76 měi (每)	N		难	77 nán (難)
脑	78 nǎo (脳)	你	79 nǐ (儞)	农	80 nóng (農)	P		啤	81 pí (啤)	Q	
气	82 qì (気)	钱	83 qián (錢)	亲	84 qīn (親)	请	85 qǐng (請)	R		让	86 ràng (讓)
热	87 rè (熱)	认	88 rèn (認)	S		伞	89 sǎn (傘)	烧	90 shāo (烧)	时	91 shí (時)
实	92 shí (実)	收	93 shōu (収)	书	94 shū (書)	虽	95 suī (雖)	岁	96 suì (歲)	T	
天	97 tiān (天)	厅	98 tīng (庁)	听	99 tīng (聽)	图	100 tú (図)	W		晚	101 wǎn (晚)
问	102 wèn (問)	吴	103 wú (吳)	务	104 wù (務)	X		习	105 xí (習)	现	106 xiàn (現)
象	107 xiàng (象)	写	108 xiě (写)	兴	109 xìng (興)	Y		烟	110 yān (煙)	严	111 yán (嚴)
样	112 yàng (様)	药	113 yào (薬)	爷	114 yé (爺)	业	115 yè (業)	应	116 yīng (応)	远	117 yuǎn (遠)
约	118 yuē (約)	运	119 yùn (運)	鱼	120 yú (魚)	Z		执	121 zhí (執)	着	122 zhe (着)
真	123 zhēn (真)	直	124 zhí (直)	专	125 zhuān (専)	转	126 zhuǎn (転)	准	127 zhǔn (準)	桌	128 zhuō (卓)

奈良　行博（なら・ゆきひろ）
1954 年生まれ　京都市出身
大阪芸術大学教授

中村　俊弘（なかむら・としひろ）
1962 年生まれ　京都市出身
関西外国語大学教授

佟　岩（とう・がん）
1965 年生まれ　中国瀋陽市出身
龍谷大学非常勤講師

橋本　昭典（はしもと・あきのり）
1968 年生まれ　彦根市出身
奈良教育大学教授

Ⓒ　漢語鍛錬
―対話できたえる中国語―
〈新訂版〉

2004 年 2 月 1 日　初版発行
2017 年 4 月 25 日　新訂版初版発行
2022 年 3 月 1 日　新訂版 3 版発行

定価　本体 2,500 円（税別）

著　者　　奈　良　行　博
　　　　　中　村　俊　弘
　　　　　佟　　　　　岩
　　　　　橋　本　昭　典
発行者　　近　藤　孝　夫
印刷所　　株式会社　坂田一真堂
発行所　　株式会社　同　学　社
　　　　　〒112-0005　東京都文京区水道 1-10-7
　　　　　電話 03-3816-7011　振替　00150-7-166920

ISBN978-4-8102-0786-6　組版　倉敷印刷
井上製本所

【許可なく複製・転載すること並びに部
分的にもコピーすることを禁じます】
Printed in Japan

◇ 同学社・中国語参考書 ◇

~中国語の最強攻略本~

Why? にこたえる はじめての 中国語の文法書 ＜新訂版＞

相原茂・石田知子・戸沼市子 著

B5判・本文400頁・2色刷　定価　本体2,500円（税別）
987-4-8102-0327-1

7大特色+α

1) 何故そうなのかというWhy?に初めてこたえる。
2) 単語や例文には和訳付き，1人で辞書なしで学べる。
3) 文法事項が課ごとに整理され，系統的に覚えられる。
4) 豊富・多彩なドリルで実践力を常にチェック。
5) 学習に役立つ情報が随所に満載。
6) 親しみやすいイラスト400点以上，理解を深める。
7) 日・中の索引が完備，予習・復習に便利。
+α 最初の「中国語の発音」に音声がつきました！
　　同学社のホームページからダウンロードできます！

わかって話す（CD付）
ひとこと中国語表現ハンドブック

榎本英雄著　旅行やビジネスですぐに役立つ中国語の表現500を収める．「文法ルール表現編」や場面別表現編，索引，単語集も充実の実用的参考書．

A5判200頁　定価　本体2,000円（税別）
978-4-8102-0064-5

体験的中国語の学び方
—わたしと中国語、中国とのかかわり

荒川清秀著　自らの勉学体験をもとに中国語学習のノウハウをやさしく語りかける．有益なヒント満載のエッセイ集．

四六判250頁　定価　本体1,500円（税別）
978-4-8102-0218-2

Podcastで学ぶ中国語エピソード100（CD付）

相原茂・朱怡穎著　ネット配信されていた「中国や中国語に関するおしゃべり番組」がついに書籍化．音声は12時間収録（MP3）

四六判変型218頁　定価　本体1,700円（税別）
978-4-8102-0329-5

〒112-0005　東京都文京区水道1-10-7　　同学社　　tel 03-3816-7011　fax 03-3816-7044
http://www.dogakusha.co.jp　　　　　　　　　　　　振替 00150-7-166920

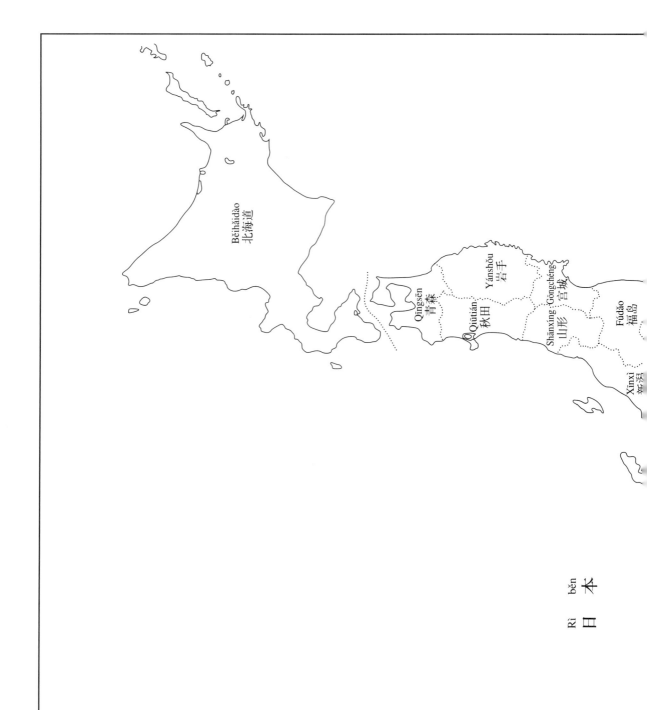